The Blue Book
of Urban
Development
Evaluation Data
in Guangdong
2017

广东省
城市评估数据
蓝皮书
2017

广东省城乡规划设计研究院
广东省城市规划协会　组织编写

王　浩　马　星　主编

中国建筑工业出版社

编委会

顾　问：邱衍庆　马向明　陈鸿宇
主　任：王　浩
副主任：马　星
委　员：杨　嘉　周祥胜　周　元　李建平
　　　　丁炜埱　魏冀明　黎智枫　邓力凡
　　　　黄鼎曦　陈　宇（深圳大学）
　　　　赵渺希（华南理工大学）
　　　　金双全（交通与运输规划研究中心）
　　　　谢石营　杨晓羚　杜　超　路一鸣
　　　　梁景宇　邱嘉琦

谨以此书向广东省城乡规划设计研究院创院60周年献礼

序

我们已进入大数据时代，我们生活在大数据时代的城市。

美国规划学家凯文·林奇说过："城市是如何成为它现在这个样子的？"其涉及的另一个非常相关的问题是："它是如何运转的？"如果对这些问题没有肯定的答案，你便无法解答"什么是一个好的城市"这样的问题（《城市形态》第27页，华夏出版社，2001）。每个城市都有自己形成、扩张或收缩的轨迹，这是由居住在这个城市的人群千差万别的需求所决定的。一个能够不断满足人多方面需求的城市，才是一座"好的城市"。因此，城市的规划者和治理者的责任，就是努力探索使人的需求与城市的发展相匹配的路径。

人的需求的越发丰富，一座"好的城市"的内涵和外延也越发多样，从单体城市到城市群，到都市区和大都市圈，产业的、人口的、交通的、区位的、文化的、制度的等诸多要素相互交织又相互影响，构成了极为复杂的"现代城市复合系统"，也使得只依靠传统的思维方式和技术手段，已经难以辨识现代城市系统的"全景"，特别是诸多因素共同作用下城市运行的动态"全景"。

得益于移动设备、互联网、卫星遥感等新技术的出现，人们的全部活动都可以通过数字技术手段记录下来。在数字技术和互联网的支持下，人们已经可以快速而准确地获取关于城市运行的海量数据，已经有能力对特定时间、特定区域内不同要素的流动情况进行辨识，对全方位的区域实时信息进行分析处理，进而将某一区域、某一群体在某一时期的偏好和需求的轨迹精确而可视化地展示出来。从这个角度看，城市的规划者、建设者、管理者对"好的城市"的探索过程，也就成了一个通过获取、存储和分析与城市运行相关的大数据，更加精准地实现人们日益多样化的复杂需求与城市的高质量发展相匹配的过程。

大数据的应用，在国外已成为区域经济学、城市规划学研究的重要工具，在区域规划和城市规划领域也有了不少成功的范例。在北京，"大数据行动计划"已经推出，旨在运用信息化、智能化手段管理城市的大数据平台正在建设。深圳、上海等城市也举办过多次关于大数据应用于城市规划建设的研讨会。但要使大数据在区域规划和城市规划、建设、治理中都得到广泛应用，就要努力扫除无形和有形的信息壁垒，努力解决基础数据的不完整、不权威、不周圆和应用研究的表浅化、碎片化问题。

近日拿到了广东省城乡规划设计研究院编撰的《广东省城市评估数据蓝皮书2017》的样书。书中囊括了广东省21个地级以上市近年来的多源大数据，涉及社会经济、交通运输、生态环境、公共服务等方方面面，用数据展现了各个城市空间中人的分布与活动轨迹。这些具体而翔实的数据，客观真实地构成了广东城市的"基因库"，为国内外区域经济、城市经济的研究者和实践者提供了较为完整、系统和可信的基础数据。

更为可喜的是，本书的编写组并未简单停留于数据的汇集、分类，他们还基于国内外城市发展理论的新发展，建立了城市发展特征指标体系，通过对广东21座城市的精准监测、动态评估，分别编制了每座城市的综合评估报告。报告致力于规划和建设一个符合城市发展逻辑、满足群众意愿的"更好的城市"的目标，从指标体系设计、数据处理和验证、对策建议选择，都进行了可贵的、开创性的尝试，可以为广东各城市的规划者和治理者提供参考。

广东省的珠江三角洲地区和粤东粤西粤北地区之间、21个地级以上市之间的发展不平衡、不充分问题，一直是影响广东实现高质量发展的重大短板。在中国特色社会主义进入新时代的今天，广东老百姓对于美好生活的需求更加多元、更加迫切，建设粤港澳大湾区和继续当好全国改革开放的排头兵、先行地和实验区的要求，给广东带来了新的发展机遇，也为大数据在区域规划、城乡规划和城市建设管理的应用开拓了新的研究和实践空间。我们期待着未来的《广东省城市数据评估蓝皮书》，可以成为集聚广东城市大数据应用研究成果的平台；期待着依托蓝皮书写作建立的研究团队，可以成为广东提升区域竞争力和城市竞争力，推动区域协调发展的又一个新型智库。

是为序。

陈鸿宇

2018年5月20日

陈鸿宇，广东省首届优秀社会科学家，广东省委党校教授。

目录

序

01 第一章
广东省城市数据评估总概　001

02 第二章
广东省社会经济发展　009

2.1　广东省经济产业发展空间特征　010
2.2　广东省人口结构发展空间特征　042
2.3　广东省科技创新发展空间特征　051
2.4　广东省城镇化发展空间特征　068
2.5　专题：广东省2017数据速递　081

03 第三章
广东省交通运输发展　087

3.1　广东省公路运输总览　　　　088
3.2　广东省高速等级公路发展　　094
3.3　广东省铁路发展　　　　　　112
3.4　广东省航空发展　　　　　　122

04 第四章
广东空间品质发展　127

4.1　生态环境空间品质特征　　　128
4.2　公共服务空间品质特质　　　146

05 第五章
广东省城市认知评估　165

5.1　网络关键词特征　　　　　　166
5.2　城市特色识别　　　　　　　172
5.3　城市空间感知　　　　　　　175

06 第六章
专题：数字湾区　177

6.1　国际湾区概况　　　　　　　178
6.2　轨道上的"大湾区"　　　　192
6.3　演进中的"大湾区"　　　　196
6.4　流动中的"大湾区"　　　　198
6.5　珠三角与粤东西北　　　　　209

第一章
广东省城市数据评估总概
01

党的十九大开启了新时代的伟大征程，十九大报告明确提出："加强应用基础研究，拓展实施国家重大科技项目，突出关键共性技术、前沿引领技术、现代工程技术、颠覆性技术创新，为建设科技强国、质量强国、航天强国、网络强国、交通强国、数字强国、智慧社会提供有力支撑"。2017年12月8日，习近平总书记提出推动实施国家大数据战略，加快建设"数字中国"的新远景。为推进"数字中国"的建设，促进科技成果转化的诉求，广东省城乡规划设计研究院（以下简称"粤规院"）大数据中心依托规划院50年来深耕广东省21个地市的规划经验，通过对国家层面、省域层面及地市层面等多方面的统计数据，利用互联网地图数据、空间行为数据、评价数据等多源数据源的梳理，尝试围绕广东省社会经济发展、交通运输发展、空间品质发展以及城市认知评估五个方面，紧扣粤港澳大湾区发展热点，透过数据分析城市发展的体征，旨在通过未来逐年的积累，构建"城市基因库"，为每一个城市绘制"城市画像"。随着指标的不断完善，以期构建评估城市发展质量的检测体系。

在过去的20年里，广东省积极响应国家改革开放的号召，作为全国城市发展的示范区，城市经济规模不断增长，城市发展状况领先全国。2018年3月7日，习近平总书记参加十三届全国人大一次会议广东代表团审议时，强调指出："广东是改革开放的排头兵、先行地、实验区，在我国改革开放和社会主义现代化建设大局中具有十分重要的地位和作用"。简明扼要地概括了广东省在过去城市发展过程中的引领带头作用。在新的发展阶段，习近平总书记进一步强调指出，广东须在推动经济高质量发展机制、建设现代化经济体系、形成全面开放新格局、营造共建共治社会治理格局上走在全国前列。回望历史深处，发展路径的选择从来都不是偶然，而是科学设计，更是充满智慧的创造。习近平总书记对广东作出的路径设计，将成为广东未来发展所依循的内在逻辑。

在新的发展形势下，各城市如何认识到自身特点，找准自身定位，以错位发展、优势互补的方式提升竞争力已成为所有城市研究者的共识。如何准确评估广东在全国城市发展格局中的定位，全省21地市在城镇化发展过程中的成就与不足，各城市如何了解自身在全省乃至全国城市格局中的优劣势，是评估城市发展绩效的重要指标，是对城市运行状态定量评价、动态监测、预警响应、决策支撑以及实现广东"四个走在全国前列"的基础性工作。城市评估是城市健康运行发展的指南针。

当前，全球新一轮信息化浪潮汹涌而至，世界各国都把推动经济数字化作为实现创新发展的重要动能。在"数字中国"建设过程中，城市规划、建设、管理须基于数据，依托评估模型、评价体系在不断评估中发展，在发展中不断评估。为了摸清家底，做到心中有"数"，在新一轮城市总体规划（以下简称"城市总规"）编制前，通过融合政务数据、年鉴数据、各类专项规划、互联网行为数据等多源大数据对城市特征进行"城市画像"，对城市发展绩效进行评估，对城市发展状况进行模拟，对构建"数字孪生"城市进行定量评价、动态监测、预警响应是必要的。因此在我国新一轮城市总规编制中，如何构建科学合理、实用有效的新型指标体系是其中的重要工作之一。

然而在城市这一复杂巨系统中，存在视角多维、类型多元、形式多样的各类指标，如何构建适用于城市动态评估的指标体系，如何遴选出有针对性和实用性的核心指标，如何运用指标体系体现总体规划的战略作用和价值导向……都需要进行创新性的研究和探索。国内外规划同行、咨询管理机构、互联网企业也逐渐关注到城市评价体系的研究，这些日益兴盛的研究给我们提供了宝贵的经验。

城市总规评估指标

总规评估指标方面，2000年以来，国内诸多城市针对城市总规指标体系进行了大量的实践探索，其中上海在1999版城市总规的编制过程中就针对指标体系进行了技术创新，强化城市总规的量化研究，具有一定的示范作用。为了在全国层面加强统一管理，2007年建设部提出"建立和完善科学编制城市总体规划的指标体系"的总体要求，并印发了包含4大类、27小项的指标指导意见，为各个城市总体规划提供参考。之后各大城市在这一基础上，结合自身城市总体规划的战略意图和实时需要，进行了优化和改进。如《深圳市城市总体规划（2010—2020）》重点从区域和谐、经济转型、社会和谐和生态保护4大目标，设计了20个类别、31项指标；《长沙市城市总体规划（2003—2030）（2014年修订）》在"两型社会"建设的总体背景下，设计了涵盖资源节约、环境友好、经济发展、社会和谐4大类的34项指标。其他城市也在这一逻辑框架内进行了个性化探索，从而形成了这一时期总体规划指标体系的基本范式。

传统城市总规评估体系的局限与不足

在运用城市总规评估体系指标对城市特征及发展状况的评估过程中，传统总体规划评估指标体系处于相对边缘的位置，并没有充分发挥出应有的作用。尤其是应对新一轮城市发展和城市总规改革的要求，传统城市总规评估指标体系存在范畴局限、形式固化、表述晦涩等特点。

传统城市规划偏重于空间语汇下的工程属性，研究范畴较为局限，主要关注物质空间领域，城市总规评估指标项的选取多局限在住建、规划等行政部门的事权范围之内，侧重物质指标下的空间环境管控，而对经济、文化等其他领域的指标研究不足；"侧重对总体规模和人均标准的约束"，缺乏对实际发展质量和综合水平的整体设计。

城市总规评估体系对空间管制、城市规模、重大设施等强制性内容关注更多，指标体系中往往关注"规定性动作"的完成程度，属于保障性评估体系，不能很好地体现出城市的优劣势特征。

长期以来总体城市规划更多地强调技术的科学合理性，忽视了其公共政策属性。城市总规评估指标中过多的技术性指标不利于市民进行解读和理解，纯工程性的表述也不利于市民感受到所在城市指标改善对自身生活的切实影响。对城市评估的结果不利于社会媒体的解读、普及传播，使得城市评估成果的社会关注度和社会影响力较弱，产生的公众参与及监督的效应较弱。

技术创新和理念创新带来新的契机与要求

伴随着互联网技术和智慧城市的广泛应用，我国城市数字化管理水平得到明显提高，对城市绩效的评估体系指标构建迎来了更好的机遇。新的指标层出不穷，像百度、阿里、腾讯、高德等互联网企业通过自己掌握的数据，从不同方面来反映城市的特征；麦肯锡、普华永道、毕马威等国际知名的审计决策机构，通过构建自己的决策评估体系，来反映城市的发展可持续性及投资潜力；一些世界级、区域级的投资开发银行，从全球及区域视野评估城市在地区发展中的位置及状况，更好地通过投资实现地区发展的平衡。其中采用指标数据的获取途径也更加科学、方便、准确，有利于对城市各方面系统性的指标监测和校核。同时，随着对城市发展状况评估理念逐步成型，城市区域要求评估体系既要有战略性，又要求有约束性；既突出综合性，又要求针对性，因此需要制定更加科学的城市指标体系，来准确评价城市发展水平，促进城市规划、建设及管理更好地发挥作用。

国外管理咨询机构

国外管理咨询机构为了更好地进行全球城市间发展水平的评价与比较，在创建综合性指数过程中提出了各自的指标体系，例如麦肯锡的城市可持续发展指数、普华永道的机遇之城指数、科尔尼管理咨询公司的全球城市指数、森纪念基金会的全球城市实力指数等。在进行城市的整体评价的过程中，各个机构从不同的维度选取具体的指标进行打分，计算出综合性指数的得分与排名。全球最著名的管理咨询公司麦肯锡与清华大学共同合作创建的城市可持续发展指数（Urban Sustainability Index—USI）通过对经济、社会、资源、环境等方面共23个指标的计算分析，对185个中国地级和县级城市在2006—2014年之间的整体可持续发展水平进行了研究排名。美国的科尔尼管理咨询公司以全世界84个主要城市为调查对象，从2008年开始提出了全球城市指数（Global City Index），从商业活动、人力资源、信息交流、文化体验、政治参与5个方面的27项指标进行打分，并统计出全球城市指数的最终结果；普华永道的《机遇之都》对全球30个商业中心城市的经济和社会发展进行了全面考察，从交通和基础设施、宜商环境、人口结构特征和宜居性、技术成熟度与成本等10个维度衡量了这些城市的表现。而其姊妹篇《机遇之城》则从"智力资本和创新""区域重要城市""技术成熟度""健康、安全与治安""交通和城市规划"等10个维度55个变量对24座城市进行深入观察。

可以发现管理咨询机构的综合性指数多采用分项评分，加权综合的方法。在多元的评价体系下，尽管各个机构的综合指数不同、关注重点不同、排名结果不同，但经济、创新、可持续、安全、文化、生活质量等成为各大机构均采用的核心关键词，基本形成相对统一，初具共识的评价维度。

咨询机构报告主要综合性指数维度、指标概况　　　　表1-1

指数名称	关注维度	指标个数	发布机构
城市可持续发展指数（USI）	社会民生、清洁程度、建成环境、经济发展、资源利用	23项	麦肯锡咨询公司、清华大学
机遇城市指数（OOC）	智力资本和创新、交通和基础设施、健康安全和治安、经济影响力、宜商环境、技术成熟度、门户城市、可持续发展和自然环境、人口结构和宜居性、成本	55项	普华永道
全球城市指数（GCI）	商业活动、人力资源、信息交流、文化体验、政治参与	27项	科尔尼管理咨询公司
全球城市实力指数（GPCI）	经济、研发、文化交流、宜居性、环境、可达性	70项	日本森纪念基金会
世界发展指数（WDI）	贫困、人口、环境、经济、市场环境、全球化	分报告指标（66项）和数据库指标	世界银行

国内互联网企业的评估指标

互联网企业在公司经营过程中产生大量的用户使用数据,如百度地图、高德地图收集了各类基于其地图服务的 App 的使用数据,产生覆盖范围广、持续时间长的用户活动位置数据;滴滴出行产生的用户打车出行数据;阿里巴巴借助支付宝支付平台,形成用户日常消费活动的行为数据等。互联网企业为了挖掘企业运营过程中产生的数据副产品的价值及发现更大的市场需求,会对外发布各种不同类型的白皮书,如百度地图从 2016 年起每季度发布《中国城市研究报告》,分析了全国 49 个主要城市活力、交通拥堵、公共交通、共享出行等。滴滴出行利用用户打车的轨迹数据及城市空间的特殊性,分析不同时间段的活力区域及不同时间段人群的行为模式,制定出其特有的 D-Index 指数(滴滴指数),将全国 85 个城市进行温情、人气、休闲、小资等 9 个方面的特征排序。

互联网企业报告主要综合性指数维度、指标概况 表1-2

报告名称	关注维度	指标个数	发布机构
《中国城市研究报告》	城市活力、道路交通、公共交通、共享出行	4	百度地图
《中国主要城市交通分析报告》	交通拥堵	6	高德地图
《智能出行大数据报告》	出行行为、交通拥堵、活力区域	5	滴滴出行
《共享单车出行报告》	出行行为、绿色低碳、安全	5	摩拜单车

从这些互联网企业报告提供的用户行为数据可以反映城市中特定人群的行为模式,更加细致地关注城市中人群的需求。从企业自身方面来看,这些企业更关注用户行为背后潜在的商业价值,并推广一种基于自身商业模式的生活理念,具有较强的价值导向,客观性较为欠缺。从对评估城市特征而言,各企业均拥有特有的数据,对某一领域有较深入、实时、动态的评估,但评估的全面性、综合性方面较为欠缺。

粤规院大数据中心基于对各地城市总规评估实践经验的总结,和国内外管理咨询机构有关城市评估思路的借鉴,积极应对新一轮城市信息化变革,不断吸收互联网等新领域的新数据、评估方法,对广东省 21 个地级市发展状况进行评估,并将初步评估结果集结为《广东省城市评估数据蓝皮书(2017)》。鉴于城市评估工作的复杂性和系统性,该书第一版重在城市发展特征指数的构建。书中构建的指标体系涉及城市安全、公共设施、城市景观、城市生态、产业功能、土地使用、人口分布、综合交通8个大类及36个子类。并结合现有数据库及平台的建设情况，在所构建的评标体系下采用《中国统计年鉴2007—2017》《广东省统计年鉴2007—2017》《中国城市统计年鉴2007—2017》等年鉴数据，国家数据网、中国气象局、广东省产业发展数据库、广东省科技厅、广东省交通运输规划研究中心等政务数据库，百度指数、谷歌指数、百度新闻、携程网、豆瓣同城、51教育网、医学百科网、养老网等互联网评价数据，《广东省城镇开发边界划定》《珠三角全域规划》等专项规划信息，开展了有关广东省21地市在社会经济发展、交通运输发展、城市空间品质发展和城市认知评估等四个方面的分项特征评估，考虑到后续评估维度的扩充，综合评估部分尚需后续分册进行完善。

随着粤港澳大湾区写入十九大报告和政府工作报告，粤港澳湾区建设提升到了国家发展战略层面。本书紧跟粤港澳湾区发展动态，以数据的方式描述了粤港澳湾区发展历程和发展特征。并从国际和国内两个视角，对比了粤港澳湾区在国际公认四大湾区及国内三大城市群中的规模、城镇结构和分工、交通联系等方面的特征。国际视角方面，通过查询各国官方统计数据、基础地理信息数据、国际专利数据、谷歌指数等多源

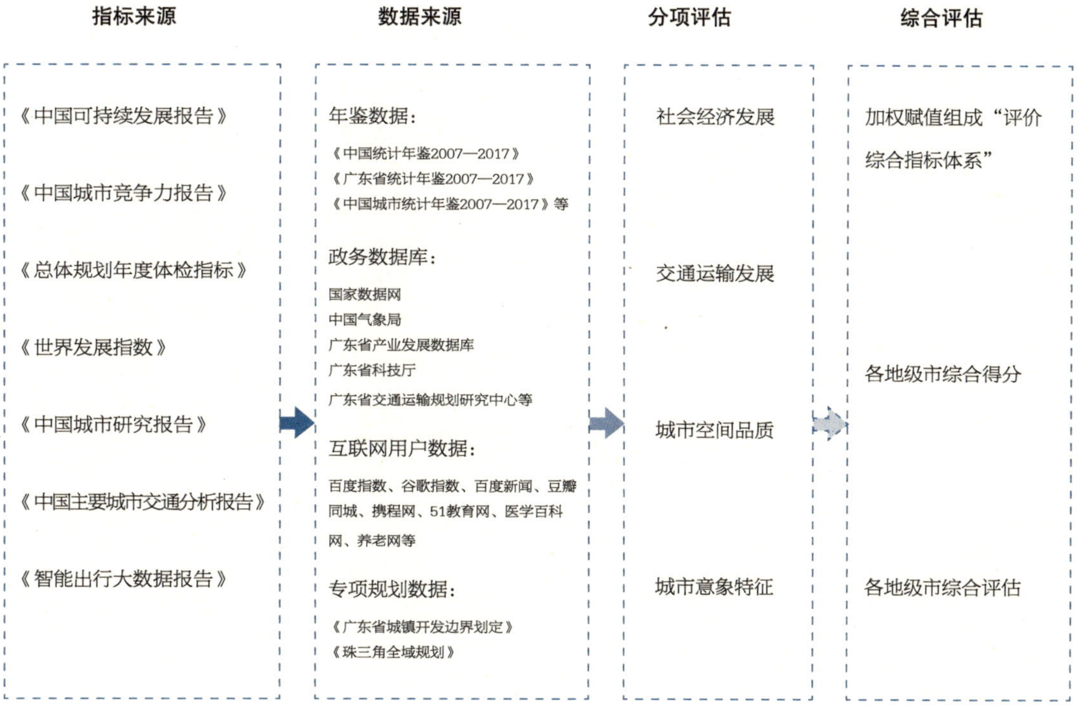

图1 城市数据评估技术框架图

指标来源	数据来源	分项评估	综合评估
《中国可持续发展报告》	年鉴数据：《中国统计年鉴2007—2017》《广东省统计年鉴2007—2017》《中国城市统计年鉴2007—2017》等	社会经济发展	加权赋值组成"评价综合指标体系"
《中国城市竞争力报告》			
《总体规划年度体检指标》	政务数据库：国家数据网、中国气象局、广东省产业发展数据库、广东省科技厅、广东省交通运输规划研究中心等	交通运输发展	
《世界发展指数》			各地级市综合得分
《中国城市研究报告》	互联网用户数据：百度指数、谷歌指数、百度新闻、豆瓣同城、携程网、51教育网、医学百科网、养老网等	城市空间品质	
《中国主要城市交通分析报告》			
《智能出行大数据报告》	专项规划数据：《广东省城镇开发边界划定》《珠三角全域规划》	城市意象特征	各地级市综合评估

数据，构建了粤港澳湾区及国际公认的其他三大湾区数据库，采用全球视野对比了国际湾区人口、用地、经济等基本概况及区域公路、轨道、机场、港口等综合交通设施十年间的发展变化情况，通过谷歌趋势对比四大湾区的信息结构。国内视角方面，将粤港澳湾区与京津冀、长三角城市群在规模等级、服务功能、创新能力、国际影响力和城镇化特征等方面进行对比。通过国内外对比，以期更为深入地了解粤港澳湾区城市的国际和国内定位、自身发展特征和发展潜力，为粤港澳湾区城市群的发展提供案例支撑和理论参考。

第二章
广东省社会经济发展

2.1 广东省经济产业发展空间特征

2.1.1 地区生产总值

（1）全国排位

2016年，广东省以全国4.9%的国土面积，创造出全国10.3%的GDP，GDP总量位居全国首位。从GDP总量来看，2007年广东省GDP为29863亿元，2016年为79512亿元，十年增长超过1.6倍。到2016年，广东省已经连续28年位居全国GDP总量首位。从GDP占全国比重来看，广东省GDP占全国比重从2007年的11.43%下降为2016年的10.3%，全省GDP占全国比重稳定在10%左右。

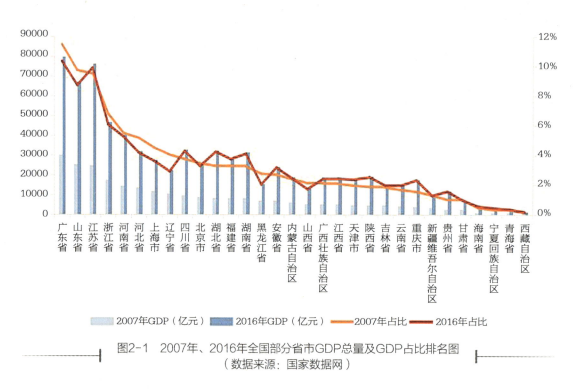

图2-1　2007年、2016年全国部分省市GDP总量及GDP占比排名图
（数据来源：国家数据网）

注：本章所指GDP为各省或各市地区生产总值，按当年价格计算。

（2）GDP总量

2016年，全省GDP总量为79512亿元，市均GDP总量突破4000亿元大关，达到4074亿元。全省城市GDP总量呈现三大梯队分布，第一梯队为GDP接近2

图2-2　2016年广东省21地市GDP总量排名图
（数据来源：2017年广东统计年鉴）

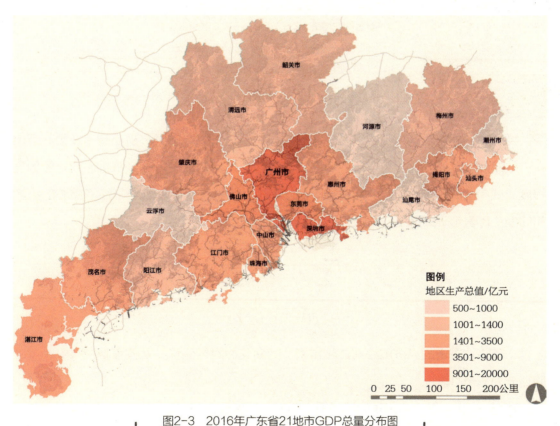

图2-3　2016年广东省21地市GDP总量分布图
（数据来源：2017年广东统计年鉴）

注：文本提及"21地级市"，实为"21个地级及以上城市"，包括经济特区深圳，后文简称"21地市"。

万亿的广州市和深圳市，两市GDP总量明显高于其他城市；第二梯队为GDP总量介于5千亿到1万亿之间的佛山市和东莞市；其余城市为第三梯队，城市GDP总量小于全省平均规模。

2016年GDP年度增量方面，深圳市以1989亿元排名第一，其后是广州市、惠州市、肇庆市、江门市，增量分别为1447亿元、626亿元、552亿元、272亿元。2016年广东省21个地级市生产总值增量平均值为327亿元，GDP增量高于全省平均值的有深圳市、广州市、惠州市和肇庆市，其余城市均低于全省GDP增量均值。

图2-4　2016年广东省21地市GDP增量排名图
（数据来源：2017年广东统计年鉴）

（3）省域经济重心

经济重心反映地区内经济的几何集聚特征，通过研究城市经济重心转移及重心距离在一定时间维度的变化趋势以及重心距离的变化，来探知广东地区经济重心变化的剧烈程度。式中，n表示研究内统计单元个数；X_i、Y_i分别表示研究区人口经济重心的经度和纬度；P_i表示研究区生产总值，D_{j-k}表示两年分人口经济重心的欧氏距离。

$$X=\frac{\sum_{i=1}^{n}P_iX_i}{\sum_{i=1}^{n}P_i}; Y=\frac{\sum_{i=1}^{n}P_iY_i}{\sum_{i=1}^{n}P_i}$$

$$D_{j-k}=\sqrt{(X_j-X_k)^2+(Y_j-Y_k)^2}$$

十年来广东省的经济重心在广州市南沙的莲花山附近偏移，从偏移情况来看，可以明显分为三个阶段：

2007—2010年：广东省的经济重心明显向西南方向偏移。

2010—2014年：广东省的经济重心往东北方向偏移。

2014—2010年：广东省的经济重心往东南方向偏移。

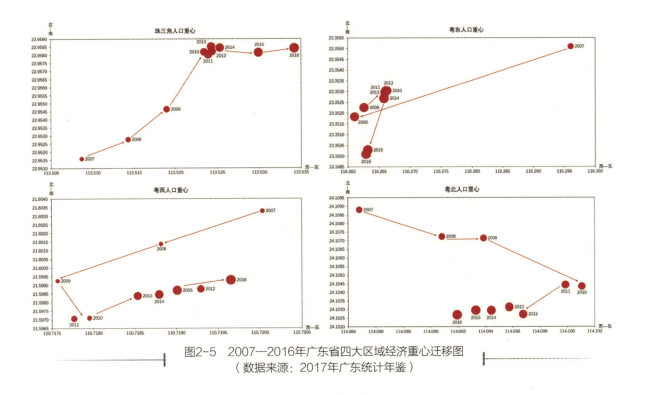

图2-5　2007—2016年广东省四大区域经济重心迁移图
（数据来源：2017年广东统计年鉴）

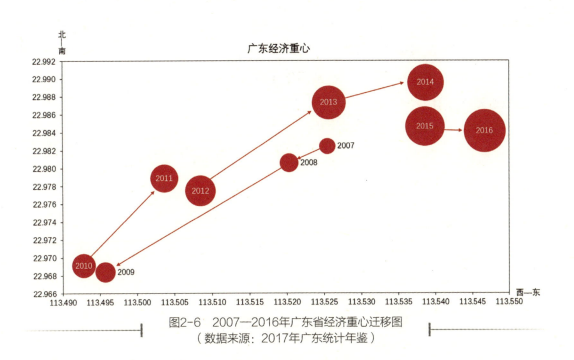

图2-6　2007—2016年广东省经济重心迁移图
（数据来源：2017年广东统计年鉴）

注：粤东西北区域划分，按2013年广东省政府关于加快发展粤东西北相关文件规定。粤东：汕尾、潮州、汕头、揭阳；粤西：茂名、湛江、阳江；粤北：韶关、云浮、河源、梅州。本书后文再提及粤东西北以此为准，不再注释。

（4）GDP 区域分布

广东省 GDP 的区域分布情况，按照珠三角、粤东、粤西、粤北四大区域观察其 GDP 占全省比重的变化情况，2007 年珠三角占比 79.84%，粤东 6.44%，粤西 7.21%，粤北 6.51%。到 2016 年，珠三角比重略有下降，占比为 79.3%，粤东上升为 6.89%，粤西上升为 7.59%，粤北为 6.23%。

图2-7　2007年、2016年广东省四大区域GDP占全省比例图
（数据来源：2017年广东统计年鉴）

而从珠三角外围地区 GDP 占全省比重的变化来看，2005 年到 2016 年期间，粤东地区在 2005 年到 2008 年期间 GDP 占全省比重有所下降，随后各年份保持稳步上升的态势；粤西地区在 2005 年到 2008 年期间，GDP 占全省比重略有下降，随后自 2009 年起到 2014 年，占比经历了较快的增长，随后在 2014 年后稍有下降。粤北区域呈现与粤东、粤西不同的发展态势，2005 年到 2010 年期间，粤北地区 GDP 占比呈现上升的态势，GDP 占比一度超越粤东地区，随后年份开始下降，2016 年，粤北地区 GDP 占比仅比 2005 年增加 0.2 个百分点。

图2-8　2005—2016年粤东西北GDP占比折线图
（数据来源：2017年广东统计年鉴）

注：按《广东省新型城镇化规划（2014—2020）》，将打造"广佛肇＋清远、云浮、韶关，深莞惠＋河源、汕尾，珠中江＋阳江"三大都市图。

同时，按照广东省三大新型都市区观察GDP的占比情况变化，发现"广佛肇＋清远、云浮、韶关"都市区GDP占比从2005年的44.75%上升到2016年的45.95%，"深莞惠＋河源、汕尾"都市区占比下降0.46%，"珠中江＋阳江"都市区下降0.73%。

图2-9　2005—2016年广东省三大新型都市区GDP占比折线图
（数据来源：2017年广东统计年鉴）

（5）GDP增速

从全国层面看广东省2016年GDP增长为7.5%，高于全国平均6.7%的增速，位居全国31个省和直辖市的第20位，GDP增速排名靠后。

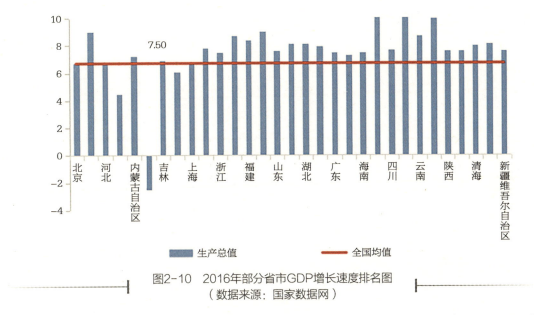

图2-10　2016年部分省市GDP增长速度排名图
（数据来源：国家数据网）

注：此处GDP增速为名义GDP增速，等于当年GDP增量除以去年GDP增量。此书后面章节所出现的增速皆由此算法得出，不作另外说明。

选取广东、山东、浙江、江苏等沿海省份进行比较，近十年来广东平均 GDP 增速低于山东、江苏等沿海省份。对比四个省份的 GDP 增速，江苏省近十年 GDP 增速始终是四个省份最高的地区，其十年平均增速为 10.84%；山东省排名第二，2007 到 2016 年，年均增速为 10.23%；广东省十年平均增速为 9.74%，仅高于浙江省 9.4% 的增速。

图2-11　2007—2016年全国主要沿海省份GDP增长速度折线图
（数据来源：2017年广东统计年鉴）

省内方面，与 2015 年比较，2016 年全省 21 个地级市 GDP 增速为 7.5%。全省域增速排名第一的城市为汕头市，增速为 11.4%，第二至第五为深圳市、河源市、珠海市和云浮市，增速分别为 10.2%、9.9%、9.0%、8.4%，增速最慢城市为阳江市，仅为 1.6%。

图2-12　2016年广东省21地市GDP增长速度排名图
（数据来源：2017年广东统计年鉴）

图2-13　2007—2016年广东省GDP增量堆积图
（数据来源：2017年广东统计年鉴）

2006—2016年的11年间，全省21地级及以上城市GDP年均增速最高的是：揭阳市是13.9%，其次是肇庆市、惠州市、阳江市、河源市，增速分别为13.7%、12.6%、12.6%、12%。

2006—2016年广东21地市GDP增速　　　　表2-1

	2006年	2007年	2008年	2009年	2010年	2011年	2012年	2013年	2014年	2015年	2016年
广州	18.0%	17.4%	16.1%	10.3%	17.6%	15.6%	9.1%	14.4%	7.8%	8.3%	8.0%
深圳	17.4%	17.0%	14.5%	5.3%	16.8%	20.2%	12.6%	12.3%	9.8%	9.4%	11.4%
珠海	17.5%	19.9%	11.4%	4.2%	16.4%	16.7%	7.0%	11.2%	11.2%	8.5%	9.9%
汕头	13.0%	15.4%	14.7%	8.8%	16.7%	5.8%	11.9%	10.0%	9.1%	8.8%	11.4%
佛山	22.8%	22.7%	19.6%	10.1%	17.2%	9.3%	6.5%	6.6%	6.1%	7.6%	7.8%
韶关	20.1%	18.9%	15.1%	4.5%	18.0%	19.6%	11.0%	12.0%	9.7%	3.3%	5.9%
河源	26.0%	27.7%	20.1%	2.4%	17.2%	12.3%	14.3%	13.3%	11.4%	5.3%	10.9%
梅州	11.1%	17.7%	16.5%	8.3%	18.0%	13.5%	7.9%	7.4%	9.9%	8.3%	8.9%
惠州	15.5%	20.3%	16.7%	8.5%	22.3%	21.1%	13.6%	13.7%	10.9%	4.7%	8.7%
汕尾	16.6%	20.4%	20.0%	12.5%	19.2%	15.7%	13.3%	10.2%	6.7%	6.3%	8.7%
东莞	20.4%	20.2%	17.2%	1.6%	12.8%	12.4%	5.6%	9.5%	6.6%	6.7%	8.8%
中山	19.0%	20.4%	14.9%	7.5%	18.1%	18.6%	11.5%	8.4%	6.5%	6.6%	6.4%
江门	17.7%	16.3%	15.8%	5.5%	17.1%	16.6%	2.7%	6.4%	4.1%	7.6%	8.0%
阳江	17.6%	17.1%	18.6%	9.7%	21.3%	19.9%	15.8%	18.1%	11.3%	7.0%	1.7%
湛江	18.3%	14.8%	18.9%	5.2%	21.5%	22.3%	9.0%	10.6%	9.1%	5.4%	8.6%
茂名	18.2%	14.2%	18.1%	4.5%	21.2%	15.4%	11.3%	13.3%	8.2%	4.1%	7.8%
肇庆	16.4%	22.4%	22.7%	13.3%	26.0%	22.4%	10.4%	14.0%	10.3%	6.8%	5.8%
清远	33.3%	39.7%	27.7%	12.1%	26.3%	-7.3%	2.4%	6.9%	8.5%	6.7%	8.6%
潮州	13.6%	16.2%	17.5%	9.6%	16.5%	15.9%	9.2%	10.8%	8.4%	7.0%	7.3%
揭阳	16.0%	22.0%	23.6%	12.7%	23.7%	21.2%	13.8%	15.2%	10.9%	6.2%	6.2%
云浮	14.3%	19.5%	17.8%	6.1%	16.4%	19.9%	10.7%	14.3%	9.2%	7.4%	9.1%

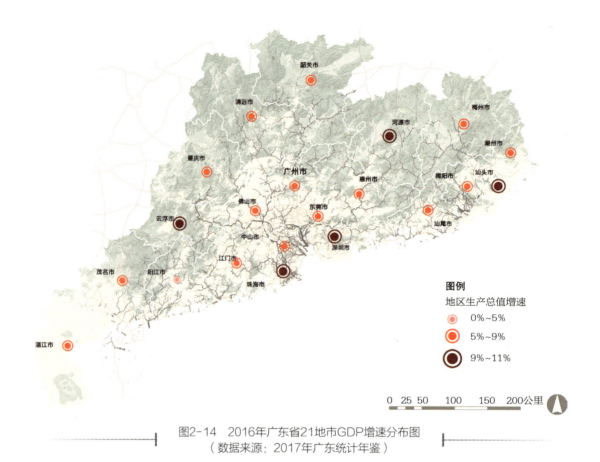

图2-14 2016年广东省21地市GDP增速分布图
（数据来源：2017年广东统计年鉴）

（6）人均GDP

2016年，广东省内21个地级市人均GDP中大于2万美元的有深圳市、广州市和珠海市，介于1万到2万美元之间的有佛山市、中山市、东莞市、惠州市，其余城市人均GDP小于1万美元。对照世界银行的2016年收入划分标准，深圳市、广州市、珠海市、佛山市、中山市进入高收入阶段，梅州市处于下中等收入阶段，其余城市处于上中等收入阶段。

世界银行收入标准划分 表2-2

2016年世界银行收入标准划分
低收入阶段：人均GDP低于1045美元
下中等收入阶段：人均GDP介于1045到4125美元之间
上中等收入阶段：人均GDP介于4126到12735美元之间
高收入阶段：人均GDP高于12735美元

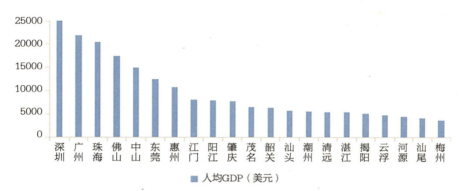

图2-15　2016年广东省21地市人均GDP排名图
（数据来源：2017年广东统计年鉴）

2.1.2　产业结构

2.1.2.1　三次产业结构

（1）全国排位

广东省2016年三次产业结构为，第一产业占4.57%，第二产业占43.42%，第三产业占52.01%，相较于2007年第一产业占比几乎未变，第二产业减少了7.04个百分点，第三产业增加了7.71个百分点。同全国2016年平均水平相比，广东省第一产业和第三产业占比低于平均水平（8.56%，51.56%），第三产业占比高于平均水平（39.88%）。相较全国其他省份和直辖市2016年三次产业结构，广东省农业占比相对较低，第二产业占比相对较高，第三产业同其他省市持平。

图2-16　2016年全国部分省市三次产业结构排名图
（数据来源：2017年广东统计年鉴）

广东省在全国具备优势的产业为第二和第三产业，且随着时间的推移，优势产业并未发生变化。

（2）广东省三次产业之间分布

按照市域分布看，广州市、深圳市第三产业在全省具备优势；珠海市、佛山市第二产业在全省具备优势；韶关市、梅州市、阳江市、湛江市、茂名市、清远市、云浮市第一产业在全省具备优势；东莞市、中山市第二产业和第三产业在全省均具备优势；汕头市、河源市、惠州市、汕尾市、江门市、肇庆市、清远市、揭阳市第一产业和第二产业在全省均具备优势。

按照区域分布看，珠三角地区优势产业为第二和第三产业；粤东地区优势产业为第一和第二产业；粤西和粤北地区优势产业均为第一产业。

2015年广东21地市主要产业区位熵　　　　表2-3

		农、林、牧、渔业	建筑业	批发和零售业	交通运输、仓储和邮政业	住宿和餐饮业	科技信息服务类	金融业	房地产业	租赁和商务服务业	公共设施服务类	教育	文化、体育和娱乐业	公共保障服务类	第一产业	第二产业	第三产业
珠三角	广州	0.29	0.91	1.42	1.72	1.12	1.24	1.14	1.20	2.16	0.86	1.16	3.38	0.99	0.27	0.71	1.33
	深圳	0.01	0.82	1.10	0.77	0.97	1.93	1.81	1.27	0.80	0.77	0.59	0.96	0.61	0.01	0.92	1.16
	佛山	0.37	0.62	0.68	0.84	0.46	0.78	0.54	1.12	0.55	0.69	0.85	0.38	0.86	0.37	1.35	0.75
	惠州	1.05	0.97	1.01	0.64	1.28		0.49	0.97			0.84			1.05	1.23	0.79
	东莞	0.07	0.42	1.15	0.82	1.18	0.93	0.81	1.20	1.92	0.83	0.84	1.36	0.85	0.07	1.04	1.05
	中山	0.07	0.42	1.15	0.82	1.18	0.93	0.81	1.20	1.92	0.83		1.36	0.85	0.07	1.04	1.05
	江门	1.70	1.68	0.83	0.81	0.95	0.72	0.71	0.82			0.87			1.70	1.08	0.87
	珠海	0.51	1.77	0.98	0.57	1.05	1.00	0.92	1.13	0.78	0.60	1.47	0.75	1.19	0.48	1.11	0.95
	肇庆	0.02	0.93	0.75	0.72	1.15	0.37	0.35	0.38	0.29	0.60		1.12	1.46	3.18	1.12	0.69
粤东	汕尾	3.37		0.97	0.68	1.04									3.37	1.02	0.77
	潮州	1.54	0.99	1.04	0.63		0.47	0.56	0.62						1.54	1.19	0.78
	汕头	1.12	1.38	1.50	0.56	1.27		0.34	0.63						1.13	1.15	0.86
	揭阳	1.93	1.09	1.58	0.26	0.77	0.26	0.17	0.31	0.03	0.60	0.89	0.41	0.59	1.93	1.33	0.62
粤西	茂名	3.45	1.22	1.03	0.81	0.62		0.32	0.71	1.67		1.06	0.85		3.45	0.91	0.85
	湛江	4.12	1.45			1.24		0.41	0.73						4.16	0.85	0.84
	阳江	3.63	1.31	0.82	1.62	0.91	0.54	0.35	0.84	0.25	0.62	0.93	0.96	0.84	3.57	1.01	0.76
粤北	韶关	2.87	1.86	0.95	1.82	1.41	0.49	0.56	0.69	0.28	1.21	1.44	1.21	1.76	2.87	0.84	0.97
	清远	3.28	1.13	0.81	1.67	0.84	0.31	0.60	0.91	0.37	1.67	1.43	0.00	1.45	3.28	0.85	0.93
	云浮	4.51	1.58	0.72	0.79	0.64	0.46	0.63	0.68	0.37	0.71	1.25	0.56	1.06	4.55	0.95	0.72
	河源	2.53	1.32	0.99	0.69	1.50	0.69	1.01							2.53	1.02	0.84
	梅州	4.25	2.02	0.89	0.66	1.00	0.41	0.56	0.77	0.14	1.87	1.87	0.96	1.61	4.27	0.82	0.86

（3）第一产业

2016年全省第一产业增加值为3715亿元，均值为177亿元。湛江市以498亿元位列第一，其后是茂名市、肇庆市、广州市、阳江市，总额分别为436亿元、317亿元、239亿元、219亿元。

图2-17　2016年广东省21地市第一产业GDP总量排名图
（数据来源：2017年广东统计年鉴）

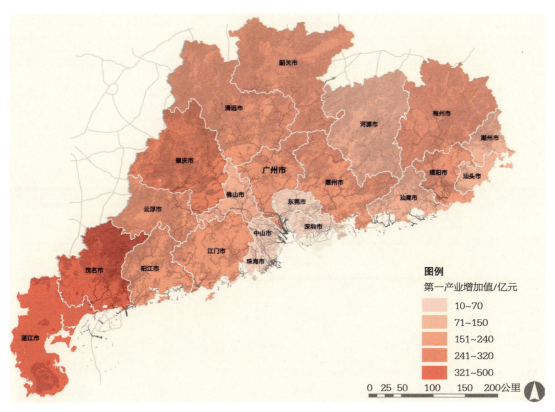

图2-18　2016年广东省21地市第一产业GDP总量分布图
（数据来源：2017年广东统计年鉴）

第一产业增加值增速方面，2016年全省第一产业增加值比2015年增长8.5%，21个地级市的GDP平均年增速为8.5%。惠州市以11.7%增速全省均位列第一，其后是揭阳市、茂名市、河源市、东莞市，增速分别为11.7%、11.1%、10.5%、10.1%；增速最小城市为中山市，仅为2.6%。

图2-19　2016年广东省21地市第一产业GDP增速排名图
（数据来源：2017年广东统计年鉴）

在2006—2016年期间，全省21个地级市11年第一产业增加值增速最快的是清远市，为10.4%，其次是韶关市、揭阳市、潮州市、河源市，增速分别为10.1%、9.8%、9.7%、9.6%。此外，11年间，全省平均增速最快的年限为2008年。

2006—2016年广东省21地市第一产业GDP增速　　　　表2-4

	2006年	2007年	2008年	2009年	2010年	2011年	2012年	2013年	2014年	2015年	2016年
广州	-1.3%	14.3%	11.4%	1.8%	8.6%	7.8%	4.3%	6.4%	-4.5%	3.6%	5.2%
深圳	-39.8%	-0.4%	-4.2%	0.4%	-3.4%	1.3%	-4.0%	-8.7%	-3.9%	16.1%	7.3%
珠海	10.1%	2.8%	9.3%	0.7%	10.9%	11.5%	6.3%	6.1%	5.4%	2.6%	6.4%
汕头	-3.1%	8.4%	13.0%	4.7%	11.9%	12.5%	8.3%	5.9%	7.0%	5.0%	9.8%
佛山	-0.1%	7.9%	15.3%	-1.3%	9.1%	11.3%	8.9%	3.9%	-1.6%	2.0%	6.1%
韶关	4.8%	12.9%	15.6%	2.7%	15.0%	15.3%	8.1%	8.0%	4.7%	7.3%	9.5%
河源	-11.1%	13.2%	15.5%	2.4%	11.8%	16.5%	7.5%	4.1%	6.9%	6.9%	10.5%
梅州	6.3%	11.5%	15.5%	4.8%	12.2%	13.7%	8.4%	5.0%	5.3%	7.3%	8.9%
惠州	-9.2%	12.1%	13.7%	-0.4%	11.8%	12.1%	6.5%	8.0%	4.0%	6.9%	11.7%
汕尾	6.9%	8.1%	14.5%	6.6%	12.9%	13.8%	9.4%	4.4%	5.4%	6.9%	9.0%
东莞	-71.2%	-0.9%	19.7%	-0.3%	10.8%	7.3%	4.7%	4.1%	3.9%	0.7%	10.1%

续表

	2006年	2007年	2008年	2009年	2010年	2011年	2012年	2013年	2014年	2015年	2016年
中山	10.2%	9.1%	14.0%	3.4%	10.8%	13.2%	6.0%	3.7%	3.7%	−0.8%	2.6%
江门	15.4%	7.7%	13.1%	−2.3%	10.8%	15.4%	7.5%	5.9%	5.5%	3.7%	7.7%
阳江	17.2%	6.0%	11.6%	4.5%	12.8%	12.5%	8.9%	4.0%	5.0%	6.0%	6.3%
湛江	12.5%	7.8%	15.0%	2.3%	17.2%	15.9%	10.6%	5.6%	5.0%	5.6%	8.6%
茂名	7.6%	−7.4%	13.9%	4.2%	12.4%	14.0%	7.2%	3.3%	2.3%	6.0%	11.1%
肇庆	3.2%	10.6%	14.8%	0.9%	13.1%	16.0%	5.1%	5.8%	6.3%	6.3%	9.1%
清远	0.9%	14.1%	14.4%	3.7%	15.1%	13.9%	8.8%	6.6%	6.9%	8.8%	9.9%
潮州	−28.3%	11.0%	16.6%	3.7%	11.7%	12.4%	6.9%	7.1%	12.5%	5.4%	8.7%
揭阳	4.0%	11.9%	17.3%	3.4%	12.9%	13.9%	8.2%	7.4%	3.6%	6.3%	11.7%
云浮	2.4%	12.8%	13.6%	3.3%	11.5%	15.9%	4.6%	5.4%	5.4%	7.3%	7.3%

（数据来源：2017年广东统计年鉴）

（4）第二产业

2016年，全省21个地级市第二产业增加值为3.6万亿元，各市平均1731亿元/市。深圳市以7780亿元位列第一，其后是广州市、佛山市、东莞市、惠州市，分别为5752亿元、5146亿元、3173亿元、1838亿元。

图2-20 2016年广东省21地市第二产业GDP总量排名图
（数据来源：2017年广东统计年鉴）

第二产业增加值GDP增速方面，相较于2015年数据，2016年全省21个地级市平均年增速为5.2%。河源市以9.2%位列第一，其后是汕头市、东莞市、湛江市、深圳市，增速分别为8.5%、7.9%、7.9%、7.4%；增速最小城市为广州市，仅为0.4%。

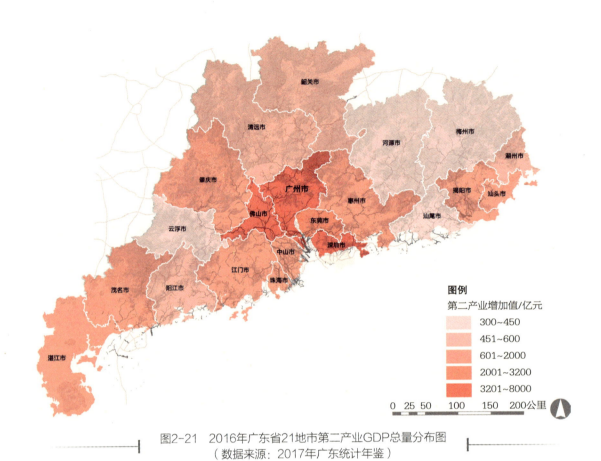

图2-21 2016年广东省21地市第二产业GDP总量分布图
（数据来源：2017年广东统计年鉴）

图2-22 2016年广东省21地市第二产业GDP增速排名图
（数据来源：2017年广东统计年鉴）

在2006—2016年期间，全省21个地级市十一年平均第二产业增加值增速中肇庆市以17.5%排名第一，其次是揭阳市、阳江市、汕尾市、云浮市，增速分别为15.4%、14.7%、12.2%、12.1%。此外，2006年至2016年间广东省21个地级市生产总值增速最快的年限为2006年。

2006—2016年广东省21地市第二产业GDP增速   表2-5

	2006年	2007年	2008年	2009年	2010年	2011年	2012年	2013年	2014年	2015年	2016年
广州	16.2%	13.6%	12.5%	5.2%	14.9%	12.6%	3.0%	10.4%	5.7%	2.4%	0.4%
深圳	13.6%	10.4%	11.5%	-0.9%	15.4%	15.3%	6.7%	8.9%	7.7%	5.5%	7.4%
珠海	18.0%	16.4%	9.2%	-0.2%	17.8%	13.4%	1.5%	8.1%	10.0%	6.8%	6.7%
汕头	14.2%	13.7%	15.9%	5.6%	7.4%	8.1%	11.3%	10.7%	8.8%	6.0%	8.5%
佛山	23.1%	19.0%	17.5%	7.6%	14.0%	8.2%	5.6%	4.3%	7.7%	4.9%	6.0%
韶关	22.9%	17.5%	8.8%	-5.9%	17.3%	16.2%	8.9%	11.4%	7.4%	-4.8%	3.4%
河源	35.6%	28.2%	18.9%	-2.2%	4.0%	13.1%	10.4%	12.4%	11.6%	2.2%	9.2%
梅州	14.1%	13.2%	11.5%	5.2%	17.3%	9.0%	1.4%	6.3%	10.1%	6.1%	4.7%
惠州	15.4%	15.7%	13.7%	5.9%	22.3%	16.4%	10.9%	10.9%	9.8%	1.7%	6.1%
汕尾	19.7%	21.5%	15.8%	7.4%	16.6%	17.9%	13.2%	9.9%	5.3%	4.4%	5.4%
东莞	18.5%	14.1%	7.7%	-3.6%	16.2%	9.3%	1.1%	6.8%	6.1%	4.4%	7.9%
中山	15.5%	15.3%	11.4%	6.0%	15.8%	12.2%	9.7%	7.7%	5.8%	4.4%	2.7%
江门	17.4%	16.5%	16.6%	5.0%	10.9%	12.5%	-3.8%	5.2%	0.8%	5.8%	5.7%
阳江	15.5%	19.1%	19.0%	6.0%	19.9%	19.0%	16.2%	19.6%	13.2%	0.5%	4.5%
湛江	18.0%	13.1%	15.9%	-1.1%	14.9%	16.7%	1.0%	14.6%	8.3%	1.5%	7.9%
茂名	20.5%	14.6%	11.6%	-3.7%	20.7%	14.5%	11.1%	11.8%	11.1%	2.5%	0.8%
肇庆	24.5%	26.3%	23.7%	16.0%	30.0%	22.5%	12.3%	19.2%	9.9%	6.7%	0.9%
清远	38.6%	26.0%	11.7%	6.6%	14.9%	11.3%	-7.7%	4.6%	11.5%	-1.7%	4.6%
潮州	18.0%	13.4%	14.0%	6.5%	14.7%	12.4%	9.2%	7.6%	9.8%	3.7%	3.7%
揭阳	17.7%	21.6%	20.6%	10.9%	22.8%	20.9%	14.1%	15.7%	8.8%	2.5%	5.5%
云浮	21.2%	21.1%	13.8%	1.7%	14.3%	18.4%	6.1%	17.3%	1.3%	14.5%	6.7%

（数据来源：2017年广东统计年鉴）

(5) 第三产业

2016年，全省21个地级以上市第三产业增加值为4.6万亿元，市均达2179亿元/市。广州市以1.4万亿元位列第一，其后是深圳市。东莞市、佛山市、中山市，总量分别为1.2万亿元、3630亿元、3339亿元、1608亿元。

图2-23 2016年广东省21地市第三产业GDP总量排名图
（数据来源：2017年广东统计年鉴）

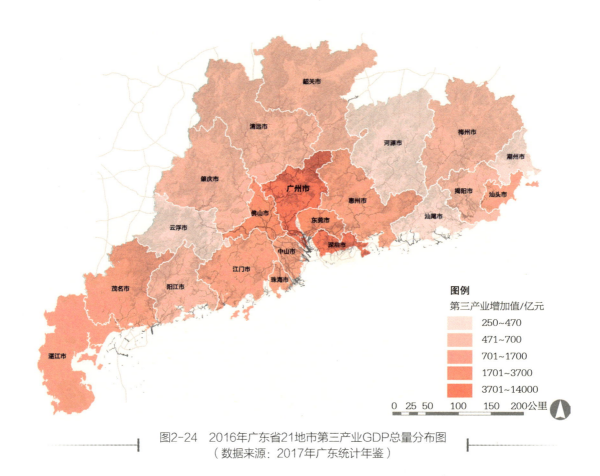

图2-24 2016年广东省21地市第三产业GDP总量分布图
（数据来源：2017年广东统计年鉴）

第三产业增加值增速方面，2016年全省第三产业增加值比2015年增长10.6%。肇庆市以26.5%位列第一，其后是中山市、汕头市、深圳市、珠海市，增速分别为18.5%、12.3%、12.1%、11.8%；增速最小城市为茂名市，仅为0.5%。

图2-25 2016年广东省21地市第三产业GDP增速排名图
（数据来源：2017年广东统计年鉴）

2.1.2.2 行业地位与结构

（1）全国排位

2006—2016 年，广东的批发和零售业、住宿和餐饮业以及房地产业是具有比较优势的行业，专业化水平程度高，产业集聚能力强，且优势地位十年并未发生变化。整体上，广东省的产业结构相对平衡，没有出现产业过度集中的现象（产业首位度＜2）。

2006—2016年广东省一、二、三不同产业区位熵 表2-6

	第一产业	第二产业	第三产业	农、林、牧、渔业	建筑业	批发和零售业	交通运输、仓储和邮政业	住宿和餐饮业	金融业	房地产业	其他行业
2016年	0.54	1.07	1.02	0.54	0.48	1.10	0.91	1.10	0.94	1.21	0.99
2015年	0.52	1.09	1.01	0.52	0.50	1.09	0.91	1.13	0.94	1.16	0.97
2014年	0.52	1.07	1.02	0.51	0.50	1.18	0.91	1.14	0.91	1.12	0.99
2013年	0.53	1.08	1.02		0.47	1.20	0.96		0.89	1.12	
2012年	0.53	1.07	1.03		0.49	1.20	0.94	1.30	0.85	1.10	0.99
2011年	0.53	1.07	1.03		0.50	1.19	0.88	1.28	0.87	1.08	1.01
2010年	0.52	1.08	1.02		0.51	1.16	0.87	1.25	0.93	1.07	1.01
2009年	0.52	1.07	1.03		0.52	1.19	0.85	1.20	0.93	1.15	1.01
2008年	0.54	1.10	1.00		0.55	1.13	0.76		1.03	1.34	
2007年	0.53	1.09	1.01		0.58	1.16	0.75	1.12	1.03	1.35	0.93
2006年	0.57	1.08	1.02		0.63	1.29	0.77	1.07	0.78	1.44	0.96

（2）广东省优势产业

2006—2016 年间，珠三角地区具有比较优势的产业主要是建筑业、批发和零售业、住宿和餐饮业、房地产业、文化体育和娱乐业。珠三角地区的九个市中，广州市和深圳市的第三产业优势明显，广州市是省内优势产业最多的城市；粤东地区具有比较优势的产业主要是农林牧渔业、工业、建筑业、批发零售业和住宿餐饮业，汕头市和揭阳市在粤东地区拥有最多的优势产业；粤西地区具有比较优势的产业主要是农林牧渔业和建筑业，茂名市在粤西地区拥有最多的优势产业；粤北地区具有比较优势的产业主要是农林牧渔业、建筑业、公共设施服务类产业、教育产业和公共保障类产业，韶关市在粤北地区拥有最多的优势产业。

从近 10 年来各城市优势产业的变化来看，珠三角地区文化、体育和娱乐业、房地产业、住宿餐饮业逐渐演化为优势产业，建筑业、交通运输业、租赁和商服业以及公共

2015年广东省21地市主要产业区位熵　　　　表2-7

		农、林、牧、渔业	建筑业	批发和零售业	交通运输、仓储和邮政业	住宿和餐饮业	科技信息服务类	金融业	房地产业	租赁和商务服务业	公共设施服务类	教育	文化、体育和娱乐业	公共保障服务类	第一产业	第二产业	第三产业
珠三角	广州	0.29	0.91	1.42	1.72	1.12	1.24	1.14	1.20	2.16	0.86	1.16	3.38	0.99	0.27	0.71	1.33
	深圳	0.01	0.82	1.10	0.77	0.97	1.93	1.81	1.27	0.80	0.77	0.59	0.96	0.61	0.01	0.92	1.16
	佛山	0.37	0.62	0.68	0.84	0.46	0.78	0.54	1.12	0.55	0.69	0.85	0.38	0.86	0.37	1.35	0.75
	惠州	1.05	0.97	1.01	0.64	1.28		0.49	0.97			0.84			1.05	1.23	0.79
	东莞	0.07	0.42	1.15	0.82	1.18	0.93	0.81	1.20	1.92	0.83	0.84	1.36	0.85	0.07	1.04	1.05
	中山	0.07	0.42	1.15	0.82	1.18	0.93	0.81	1.20	1.92	0.83		1.36	0.85	0.07	1.04	1.05
	江门	1.70	1.68	0.83	0.81	0.95	0.72	0.71	0.82			0.87			1.70	1.08	0.87
	珠海	0.51	1.77	0.98	0.57	1.05	1.00	0.92	1.13	0.78	0.60	1.47	0.75	1.19	0.48	1.11	0.95
	肇庆	0.02	0.93	0.75	0.72	1.15	0.37	0.35	0.38	0.29	0.60		1.12	1.46	3.18	1.12	0.69
粤东	汕尾	3.37		0.97	0.68	1.04									3.37	1.02	0.77
	潮州	1.54	0.99	1.04	0.63	0.47		0.56	0.62						1.54	1.19	0.78
	汕头	1.12	1.38	1.50	0.56	1.27		0.34	0.63						1.13	1.15	0.86
	揭阳	1.93	1.09	1.58	0.26	0.77	0.26	0.17	0.31	0.03	0.60	0.89	0.41	0.59	1.93	1.33	0.62
粤西	茂名	3.45	1.22	1.03	0.81	0.62		0.32	0.71	1.67		1.06	0.85		3.45	0.91	0.85
	湛江	4.12	1.45			1.24		0.41	0.73						4.16	0.85	0.84
	阳江	3.63	1.31	0.82	1.62	0.91	0.54	0.35	0.84	0.25	0.62	0.93	0.96	0.84	3.57	1.01	0.76
粤北	韶关	2.87	1.86	0.95	1.82	1.41	0.49	0.56	0.69	0.28	1.21	1.44	1.21	1.76	2.87	0.84	0.97
	清远	3.28	1.13	0.81	1.67	0.84	0.31	0.60	0.91	0.37	1.67	1.43	0.00	1.45	3.28	0.85	0.93
	云浮	4.51	1.58	0.72	0.79	0.64	0.46	0.63	0.68	0.37	0.71	1.25	0.56	1.06	4.55	0.95	0.72
	河源	2.53	1.32	0.99	0.69	1.50	0.69	1.01							2.53	1.02	0.84
	梅州	4.25	2.02	0.89	0.66	1.00	0.41	0.56	0.77	0.14	1.87	1.87	0.96	1.61	4.27	0.82	0.86

设施服务类产业逐渐失去其原本的优势地位；粤东地区只有汕尾市一座城市的批发零售业逐渐失去优势地位；粤西地区批发零售业和住宿餐饮业逐渐失去优势地位；粤北地区住宿餐饮、公共设施服务业、文化、体育和娱乐业逐渐成长为优势产业。汕尾市、汕头市、云浮市和梅州市四市产业过度集中（产业首位度＞2）。

2.1.2.3 工业类型结构

（1）工业的经济类型结构

2016年全省规模以上工业总产值中，国有控股工业、股份制工业、外商投资工业和港澳台投资工业占比分别为12.84%，56.61%，19.42%和24.13%，国有工业、集体工业和股份合作工业所占比例几乎可以忽略不计。从2006年以来的10年间变化看，占比逐步减少的经济类型是国有控股工业、国有工业、外商投资工业、港澳台投资工业；占比显著增加的是股份制工业，该类型工业占工业总产值的比例由2006年的29.04%

近10年广东省21地市优势产业变化　　　　表2-8

		农、林、牧、渔业	建筑业	批发和零售业	交通运输、仓储和邮政业	住宿和餐饮业	科技信息服务类	金融业	房地产业	租赁和商务服务业	公共设施服务类	教育	文化、体育和娱乐业	公共保障服务类	第一产业	第二产业
珠三角	广州										↓					
	深圳				↓											
	佛山				↓	↓					↓					
	惠州		↓													
	东莞			↑		↑							↑			
	中山			↑		↑					↓		↑			
	江门				↓											
	珠海		↑	↓	↓				↑		↓					
	肇庆		↓	↓			↓						↑			↑
粤东	汕尾			↓												↑
	潮州															
	汕头															
	揭阳															
粤西	茂名				↓	↓				↑						
	湛江			↓												
	阳江			↓	↑	↓										
粤北	韶关					↑							↑			
	清远		↓	↑						↑			↑		↓	
	云浮															
	河源								↑							
	梅州					↑				↑			↑			

增长为2016年的15%，10年增长了27.57百分点。集体工业、股份合作工业10年来的占比一直很小，几乎可忽略。

按照区域分布看，珠三角地区外商投资工业和港澳台投资工业占据优势地位，国有控股工业占据相对优势地位，其他经济类型则处于相对劣势地位；粤东地区国有工业、集体工业、股份合作工业和股份制工业占据优势地位；粤西地区国有控股工业、国有工业和股份制工业占据优势地位；粤北地区国有工业和股份制工业占绝对优势地位，集体工业占据相对优势地位。

从10年来各城市优势经济类型的变化来看，珠三角地区集体工业占比呈提高趋势，粤东地区只有潮州市一个城市优势产业类型发生变化，其国有控股工业和集体工业优势程度加强，国有工业则由非优势经济类型逐步转变为优势经济类型；粤西地区国有控股、集体和股份合作工业均演化为优势经济类型，港澳台投资工业失去优势地位；粤北地区变化较为复杂多样。

（2）工业的行业类型结构

2016年全省规模以上工业总产值中，制造业和电力、热力、燃气及水生产和供应业占比分别为93.32%和5.91%，采矿业几乎可以忽略不计。从2006年以来10年间的变化看，制造业占规模以上工业总产值的比例呈现缓慢的增长趋势，电力、热力、燃气及水生产和供应业以及采矿业占比呈现缓慢下降的趋势，其中，采矿业占比一直非常低。

根据不同行业工业产值占总产值的比例，广东省工业产业结构非常失衡，产业过度集中于制造业。

按照区域分布看，珠三角地区的制造业占据绝对优势地位，电力、热力、燃气及水生产和供应业相对也具备一定的优势地位；粤东地区的电力、热力、燃气及水生产和供应业占据优势地位；粤西地区的采矿业占据优势地位；粤北地区的采矿业和电力、热力、燃气及水生产和供应业占据优势地位。

2016年广东21地市按经济类型分规模以上工业区位熵　　表2-9

区域	城市	国有控股工业	国有工业	集体工业	股份合作工业	股份制工业	外商投资工业	港澳台投资工业	采矿业	制造业	电力、热力、燃气及水生产供应业
珠三角	广州	1.72	1.12	0.87	1.43	0.72	2.16	0.76	0.02	0.97	1.64
	深圳	1.05	0.28	0.01		1.04	0.76	1.25	1.07	1.02	0.61
	佛山	0.34	0.19	1.50	2.81	1.15	0.74	0.80	0.02	1.04	0.54
	惠州	1.15	0.58	0.36		0.70	1.54	1.34	0.68	1.02	0.73
	东莞	0.39	0.02	0.37		0.90	1.00	1.38	0.00	1.02	0.84
	中山	0.67		1.58	0.13	0.81	1.62	0.98	0.04	1.00	1.09
	江门	0.61	0.64	0.05		0.87	0.64	1.73	0.48	1.00	1.08
	珠海	2.44	0.02	0.10		0.96	1.48	0.79	2.19	0.96	1.48
	肇庆	0.51	1.41	0.40		1.01	0.78	1.05	4.48	0.99	0.77
粤东	汕尾	0.60	3.71	22.35		0.98	0.27	1.19		0.96	1.72
	潮州	0.85	5.79	1.49	14.65	1.17	0.36	0.55		0.88	2.97
	汕头	0.76	4.55	1.79	6.14	1.35	0.37	0.35	0.14	0.98	1.47
	揭阳	0.33	2.48	3.14		1.26	0.21	0.52	0.36	1.02	0.70
粤西	茂名	2.83	2.16	1.00	1.14	1.54	0.07	0.16	6.07	0.97	0.88
	湛江	2.26	4.95	0.74		1.25	0.16	0.99	8.93	0.93	1.08
	阳江	1.47	1.99	0.97		1.27	0.53	0.58	0.09	0.95	1.88
粤北	韶关	3.05	6.81	2.66	0.51	1.41	0.25	0.49	6.87	8.87	2.29
	清远	1.29	4.11	0.18		1.18	0.26	1.21	0.61	0.95	1.84
	云浮	0.64	0.09	1.18		1.31	0.22	0.85	4.07	0.97	1.13
	河源	0.55	2.66	0.11		1.15	0.63	0.97	7.14	0.94	1.19
	梅州	1.85	6.45	1.11	2.48	1.39	0.26	0.49	3.00	0.85	3.07

从 10 年来各城市优势行业类型的变化来看，珠海市的采矿业逐渐演化为优势行业，而其制造业却失去原有的优势地位；深圳市的制造业逐渐演化为优势行业；中山市和江门市的电力、热力、燃气及水生产和供应业逐渐转变为优势行业，而揭阳市的该工业类型则慢慢失去原有优势地位。

近10年广东21地市规模以上工业优势经济类型和优势产业变化　　表2-10

		国有控股工业	国有工业	集体工业	股份合作工业	股份制工业	外商投资工业	港澳台投资工业	采矿业	制造业	电力、热力、燃气及水生产供应业
珠三角	广州		↑								↓
	深圳					↑	↓		↑		
	佛山			↑	↓						
	惠州		↓								
	东莞			↓							
	中山						↑				↑
	江门			↓							↑
	珠海								↑	↓	
	肇庆										
粤东	汕尾										
	潮州	↑	↑	↑							
	汕头										
	揭阳										↓
粤西	茂名			↑	↑						
	湛江							↓			
	阳江	↑									
粤北	韶关										
	清远	↑	↑								
	云浮	↓	↓								
	河源		↑	↓							
	梅州			↑							

2.1.3　广东省外向型经济空间特征

2.1.3.1　对外贸易

（1）全国排位

2016 年，广东省创造出全国 28% 的进出口总额，而排名第二、三名的江苏省和上海市总共才创造了全国 24% 的进出口总额。从总量来看，2007 年广东省进出口总额为 4.7 万亿元，2016 年为 7.2 万亿元，十年增长超过 50%，广东进出口总额连续十年位居

2006—2016年广东21地市规模以上工业产业首位度   表2-11

		国有控股工业	国有工业	集体工业	股份合作工业	股份制工业	外商投资工业	港澳台投资工业	采矿业	制造业	电力、热力、燃气及水生产供应业
珠三角	广州	1.72	1.12	0.87	1.43	0.72	2.16	0.76	0.02	0.97	1.64
	深圳	1.05	0.28	0.01		1.04	0.76	1.25	1.07	1.02	0.61
	佛山	0.34	0.19	1.50	2.81	1.15	0.74	0.80	0.02	1.04	0.54
	惠州	1.15	0.58	0.36		0.70	1.54	1.34	0.68	1.02	0.73
	东莞	0.39	0.02	0.37		0.90	1.00	1.38	0.00	1.02	0.84
	中山	0.67		1.58	0.13	0.81	1.62	0.98	0.04	1.00	1.09
	江门	0.61	0.64	0.05		0.87	0.64	1.73	0.48	1.00	1.08
	珠海	2.44	0.02	0.10		0.96	1.48	0.79	2.19	0.96	1.48
	肇庆	0.51	1.41	0.40		1.01	0.78	1.05	4.48	0.99	0.77
粤东	汕尾	0.60	3.71	22.35		0.98	0.27	1.19		0.96	1.72
	潮州	0.85	5.79	1.49	14.65	1.17	0.36	0.55		0.88	2.97
	汕头	0.76	4.55	1.79	6.14	1.35	0.37	0.35	0.14	0.98	1.47
	揭阳	0.33	2.48	3.14		1.26	0.21	0.52	0.36	1.02	0.70
粤西	茂名	2.83	2.16	1.00	1.14	1.54	0.07	0.16	6.07	0.97	0.88
	湛江	2.26	4.95	0.74		1.25	0.16	0.99	8.93	0.93	1.08
	阳江	1.47	1.99	0.97		1.27	0.53	0.58	0.09	0.95	1.88
粤北	韶关	3.05	6.81	2.66	0.51	1.41	0.25	0.49	6.87	8.87	2.29
	清远	1.29	4.11	0.18		1.18	0.26	1.21	0.61	0.95	1.84
	云浮	0.64	0.09	1.18		1.31	0.22	0.85	4.07	0.97	1.13
	河源	0.55	2.66	0.11		1.15	0.63	0.97	7.14	0.94	1.19
	梅州	1.85	6.45	1.11	2.48	1.39	0.26	0.49	3.00	0.85	3.07

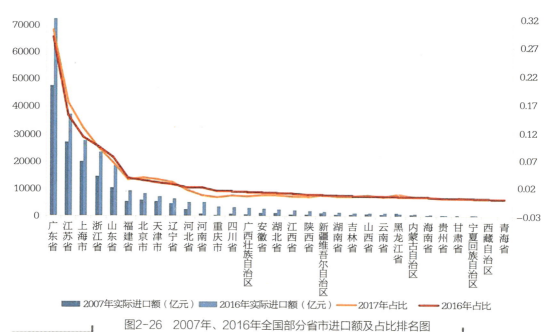

图2-26　2007年、2016年全国部分省市进口额及占比排名图
（数据来源：国家统计网）

全国首位。从占比来看，2007年全省出口总额占全国30%，2016年为28%，整体比重无较大变化，领先地位明显。

(2) 外贸类型

国际外贸类型主要分为一般贸易、进料加工、来料加工、保税仓库等四大类型。

2016年，广东省进出口总额为9552亿美元，按贸易方式将进出口分为一般贸易、进料加工、来料加工、报税仓库与其他。从总量来看，"来/进料加工"仍是外贸主要类型，2016年为3705亿美元。而"一般贸易"从2007年的697亿美元增加到2016年的1554亿美元，增幅超过138%，成为拉动外贸经济增长的主要力量。

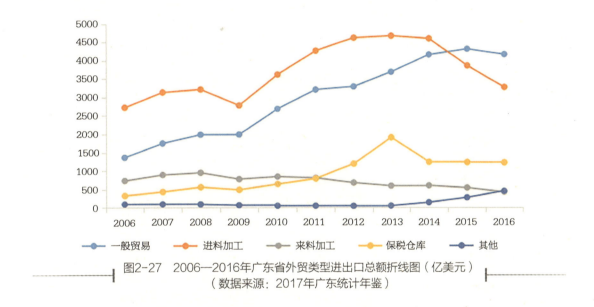

图2-27　2006—2016年广东省外贸类型进出口总额折线图（亿美元）
（数据来源：2017年广东统计年鉴）

从占比来看，广东省外贸"从加工走向贸易"趋势明显。"来/进料加工"的比重从2007年的63%下降至2016年的38%，而"一般贸易"从2007年的27%上升到2016年的43%，"保税仓库"从6%上升到12%，两者占比增大。

(3) 外贸结构

2016年广东省同主要国家或地区的出口额为5985亿美元，较十年前增长了62%，出口地包括亚洲、非洲、欧洲、拉丁美洲、北美洲、大洋洲等大洲。从大洲分布上看，2016年出口亚洲份额最多，超过3400亿美元，占总额57%，出口北美洲1060亿美元，占总额17%，出口欧洲占总额15%。从2016年出口总额上看，中国大陆出口贸易与中国香港、美国、欧盟联系最为紧密。在亚洲地区，还与东盟（10国）、日本等保持良好的贸易往来。

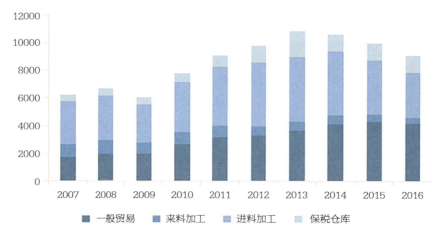

图2-28 2007—2016年广东省外贸类型进出口总额堆积图
（数据来源：2017年广东统计年鉴）

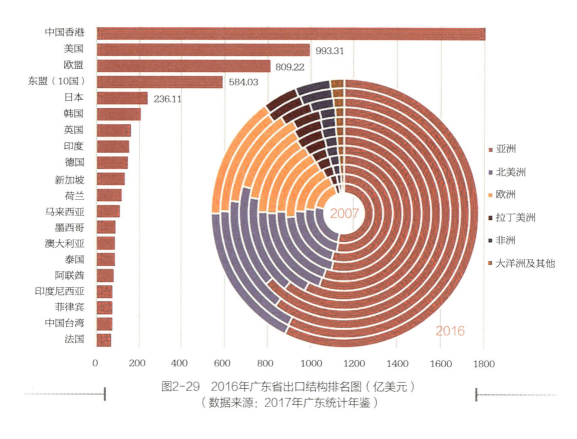

图2-29 2016年广东省出口结构排名图（亿美元）
（数据来源：2017年广东统计年鉴）

2016年广东省同主要国家或地区进口总额为3567亿美元，较2007年增长了88%，进口地包括亚洲、非洲、欧洲、拉丁美洲、北美洲、大洋洲等大洲。

从大洲分布上看，2016年从亚洲进口份额最多，超过2800亿美元，占比达79%，从欧洲、北美洲进口479亿美元，占比为13%。

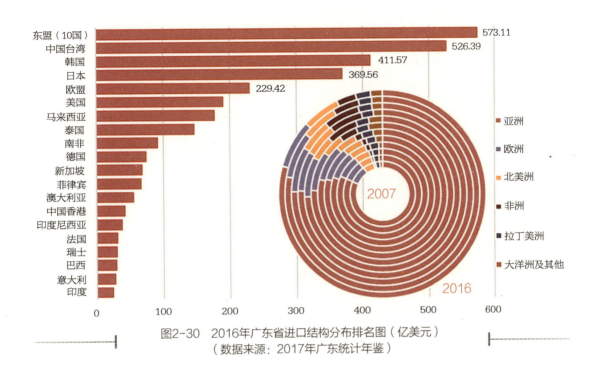

图2-30 2016年广东省进口结构分布排名图（亿美元）
（数据来源：2017年广东统计年鉴）

从进口总额上看，2016广东进口贸易与东盟10国、中国台湾、韩国、日本的联系最紧密，进口额为1880亿美元，一共占出口总额的52%。

（4）外贸依赖度

从外贸依赖程度来看，2016年广东省平均外贸依赖程度为52.57%。深圳市外贸依赖程度居于全省的榜首，达到了190.26%；第二、第三名分别是珠海市和东莞市，外贸依赖程度分别达到168.25%和154.69%；惠州、中山紧随其后，外贸依赖程度高于全省平均水平；其余地市外贸依赖程度低于52%。相较2007年，除汕头、茂名外，2016年广东省各地市外贸依赖程度均有不同程度提升。

图2-31 2016年广东省21地市外贸依赖程度排名图
（数据来源：2016年广东省统计年鉴）

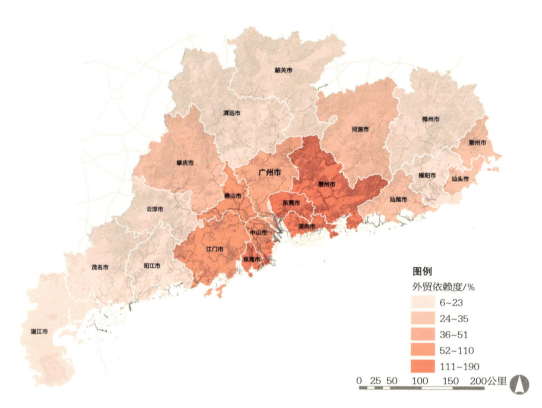

图2-32 2016年广东省21地市外贸依赖程度分布图
（数据来源：2016年广东省统计年鉴）

（5）外贸分布

2016年，广东省21个地级市进出口总量为9552亿美元，全省进出口总量呈现三大梯队，第一梯队为深圳市一枝独秀，2016年进出口总额达到3984亿美元，第二梯队为东莞市、广州市、佛山市，2016年进出口总额分别为1213亿美元。其余城市为第三梯队，总额小于全省平均规模。

图2-33 2007年、2016年广东省21地市
进出口总额及外贸依存度排名图

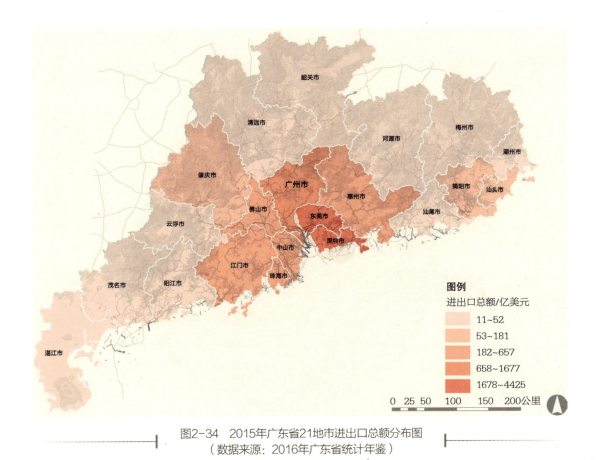

图2-34　2015年广东省21地市进出口总额分布图
（数据来源：2016年广东省统计年鉴）

从全省外贸分布看，广东省发展情况极不均衡。总量上，珠三角占全省比重最高，2016年占全省外贸总额的95%。粤西粤东粤北分别占全省的外贸总额2%、1%、2%。

图2-35　2007—2016年粤东西北外贸总额比例图（亿美元）
（数据来源：2016年广东省统计年鉴）

从近十年变化情况看,珠三角地位稳定,常年贡献95%的全省进出口额;东翼的外贸情况比较稳定,山区追赶势头明显;西翼稍稍落后。

图2-36　2016年广东21地市外贸分类比例图
（数据来源：2016年广东省统计年鉴）

（6）对外知名度

选取谷歌指数作为城市对外知名度指标。据统计,广东省21个地级市之中,谷歌指数排名最高的是深圳市,为1110万;第二名为广州市,1060万;第三名为东莞市,531万。汕头市、江门市、湛江市、潮州市、肇庆市依次排在东莞市之后。

图2-37　2017年广东省21地市国际知名度排名图
（数据来源：谷歌指数）

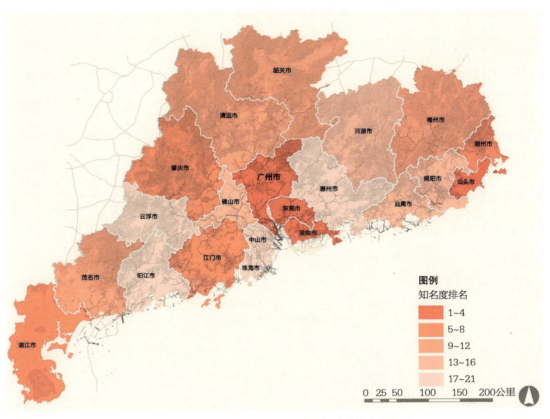

图2-38 2017年广东省21地市国际知名度排名分布图
(数据来源：谷歌指数)

注：谷歌指数为谷歌搜索相关城市的相关结果，反映城市的话题量及知名度。

2.1.3.2 利用外资

（1）全国排名

2016年，全国23%的新增外商投资企业选择落户广东，投资额达到全国外商投资总额的15%，投资额居全国第二名，位居江苏之后（2006年江苏省外商投资总额占全国比为17%），江苏省以占全国11%的外商投资企业得到了17%的全国外商总投资。从投资额来看，2007年在广东省外商投资额为3507亿美元，2016年为7815亿美元，十年增长为122%。从外商投资企业数量来看，2016年，广东吸引了全国外企达到11.9万家，平均每家企业在粤投资650万美元，低于江苏的1570万美元、北京的1400万美元和上海的924万美元。

（2）合同利用外资

2016年，全省合同利用外资总额为866亿美元，深圳市以521亿美元位居首位，占比超过全省总量的60%。从投资额来看，合同利用外资总额在十年间增长了155%，深圳市、

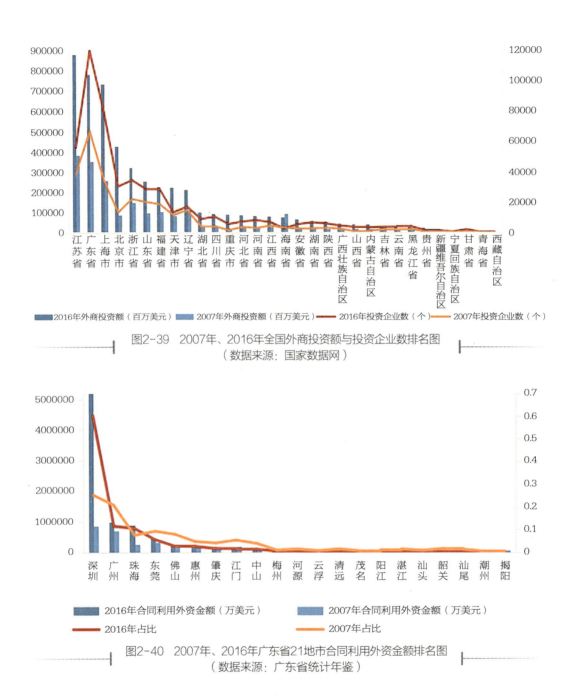

图2-39 2007年、2016年全国外商投资额与投资企业数排名图
（数据来源：国家数据网）

图2-40 2007年、2016年广东省21地市合同利用外资金额排名图
（数据来源：广东省统计年鉴）

珠海市、东莞市、佛山市吸引外资势头良好。从占比情况来看，十年间，深圳市合同利用外资从全省的比例从25%上升到了60%，而广州市则从20%下降到了11%。

（3）实际利用外资

2016年，全省实际利用外资总额达233亿美元，占当年的合同利用外资总额的26%。对比合同利用与实际利用金额，2016年深圳市有超过87%的合同利用金额尚未落实，珠海市情况也类似，有超过74%的合同资金尚未落实。从签订项目上看，2016

图2-41 2007年、2016年广东省21地市合同利用/实际使用外资金额排名图（万美元）
（数据来源：广东省统计年鉴）

年深圳市以4132个合作项目居首，平均每个项目实际投资162万美元。广州市、珠海市、东莞市紧随其后，平均投资额分别为324万美元、285万美元和884万美元。

十年间，粤东西北对外资的吸引力下降，实际利用外资从2007年占全省的11%下降到了2016年的3%。2016年，超过96%的实际利用外资都投入珠三角地区，外资的区域选择性越来越强。从签订项目上看，也反映出相同趋势。从合同数量上看，粤东西北合同总量从2007年的1061个下降到2016年的261个。从占比上看，合同数量同样从11%下降到了3%。

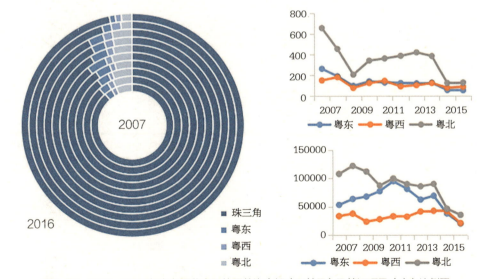

图2-42 2007—2016年粤东西北实际使用外资金额（万美元）及签订项目（个）比例图
（数据来源：广东省统计年鉴）

2.2 广东省人口结构发展空间特征

2.2.1 人口分布特征

（1）全国排名

2016年底，广东省常住人口达10999万人，占全国人口总量的7.97%，比2007年提高了0.56%个百分点。

2007—2016年广东省常住人口净增1550万人，增长14.09%，年均增长1.54%，比同期全国平均水平高出8.29和0.91个百分点。总人口增长率明显高于同期其他省份，如山东（6.19%）、河南（1.84%）、四川（1.66%）。

2016年，广东省户籍人口规模为9164万人，2007—2016年间增加了1265万人，平均户籍人口增长率为16.01%。

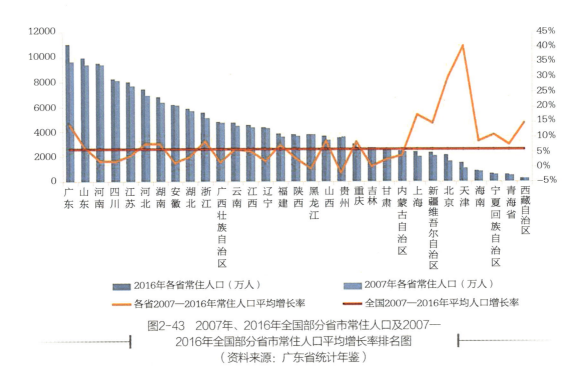

图2-43　2007年、2016年全国部分省市常住人口及2007—2016年全国部分省市常住人口平均增长率排名图
（资料来源：广东省统计年鉴）

（2）人口区域分布

人口的集疏趋势可利用不均衡指数和集中指数来衡量。人口分布不均衡指数和集中指数减小，表示人口趋于分散；反之，表示人口趋于集中。

2007—2016年间，广东省人口分布不均衡指数在逐渐升高，人口越来越集中。十年间珠三角、东翼、西翼、山区的人口数量分别增长16.74%，5.52%，4.69%，5.25%。超过一半人口集聚在珠三角地区。珠三角地区人口增长最快，人口增量占全省人口净增总量的59.10%。

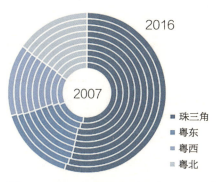

图2-44　2007—2016年广东省四大区域常住人口变化情况比例图
（资料来源：广东省统计年鉴）

图2-45　2007—2016年广东省人口不均衡指数及集中指数折线图
（资料来源：广东省统计年鉴）

（3）市域人口特征

①人口增量

2016年，市域常住人口达到1000万人以上的城市有广州市、深圳市。市域人口在500~1000万之间的有东莞市、佛山市等6个地市，其余13个地市常住人口在500万以下，100万以上。

十年间，常住人口增加数量最多的地市为东莞市、广州市、深圳市，其中广州市、深圳市两市人口增幅占同期珠三角人口增量41.86%，人口向超大城市集聚的趋势十分明显。

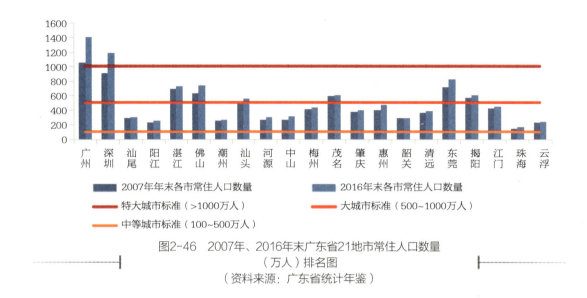

图2-46　2007年、2016年末广东省21地市常住人口数量
（万人）排名图
（资料来源：广东省统计年鉴）

② 人口密度

2016年末，全省人口密度为612人/km²，为全国人口密度的4.3倍。

2007—2016年间，广东省人口密度分布不均衡，珠三角地区主要城市的人口密度不断增大。

2016年末，深圳市则已超过了上海市，成为全国人口密度最高的超大城市。

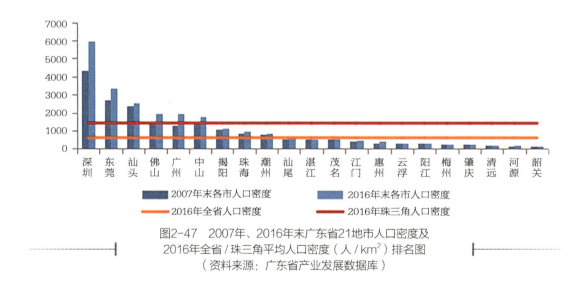

图2-47　2007年、2016年末广东省21地市人口密度及
2016年全省/珠三角平均人口密度（人/km²）排名图
（资料来源：广东省产业发展数据库）

③ 人口增速

前五年（2007—2011年），广州市、中山市、东莞市、惠州市、佛山市、深圳市常住人口增长最多。韶关市、茂名市人口为负增长。

后五年（2012—2016年），广州市、中山市、东莞市、惠州市、佛山市人口增长速度降低明显，其中东莞市人口增速为0.08%，几乎不变；而深圳市人口增长幅度与前五年持平。潮州市常住人口变为负增长，韶关市、茂名市常住人口变为正增长。

图2-48　2007—2016年前后五年广东省21地市常住人口增长速度对比排名图
（资料来源：广东省统计年鉴）

④人口迁徙率

2007—2016年间，东莞市人口净迁徙率保持在70%以上，居全省首位；深圳市人口净迁徙率有所降低，广州市净迁徙率有所升高。潮州市由人口净流入区变为人口净流出区。

2016 人口净流入地区	活跃区	东莞市、深圳市、中山市、佛山市、广州市、珠海市
	非活跃区	惠州市、江门市
2016 人口净流出地区	活跃区	河源市、云浮市、梅州市、茂名市
	非活跃区	汕头市、潮州市、肇庆市、清远市、韶关市、揭阳市、湛江市、阳江市、汕尾市

图2-49　2016年各市人口迁徙分区情况
（资料来源：广东省统计年鉴）

⑤城镇化阶段

诺瑟姆曲线是衡量城镇化发展阶段的S形曲线，当城镇化率低于30%时，为城镇化发展的初期阶段，大于30%并小于70%时为加速阶段，大于70%时为城镇化发展的后期阶段。

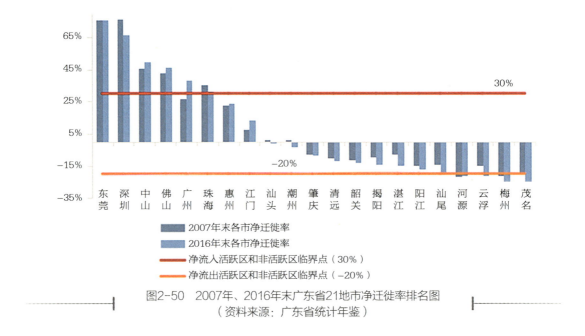

图2-50 2007年、2016年末广东省21地市净迁徙率排名图
（资料来源：广东省统计年鉴）

2016年末广东省城镇化率为69.20%，接近诺瑟姆曲线中的70%临界点，已经接近城镇化的后期阶段。比全国同期57.35%城镇化率，高出11.85个百分点。

2016年，深圳市、佛山市、东莞市、珠海市、中山市、广州市、汕头市城镇化率超过70%，已达到城镇化的后期阶段。其余14个城市如惠州市、江门市、潮州市、汕尾市等城镇化率低于70%，但超过30%，这说明这些城市仍处于城镇化过程的加速阶段。

图2-51 2007年、2016年末广东省21地市城镇化水平排名图
（资料来源：广东省统计年鉴）

（4）分区县人口变化特征

图2-52　2000年、2010年、2015年广东省21地市人口数量变化分布图
（资料来源：第五、第六次全国人口普查数据）

图2-53　2000年、2010年、2015年各市人口密度变化分布图
（资料来源：第五、第六次全国人口普查数据）

2.2.2　人口结构特征

（1）年龄结构

广东省年龄结构表现出两头低，中间高的总体特征。

2016年末，广东省0~14周岁（少年儿童人口）1895.12万人、15~64周岁（成年人口）8163.45万人、65周岁及以上（老年人口）940.41万人，分别占全省人口总量的17.23%、74.22%和8.55%；比2007年末分别下降4.07、上升2.92、上升1.15个百分点。

全省2007年65岁以上人口占总人口比例为7.40%，按照标准，已进入老年型人口结构。2016年，全省少年儿童抚养比为23.21%、老年人口抚养比11.52%，总抚养比34.73%；分别比2007年下降6.66、上升1.44、下降5.27个百分点。老年人口抚养比增幅明显高于少年儿童抚养比增幅。

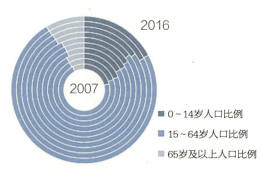

图2-54　2007—2016年广东省0~14岁、15~64岁、65岁以上人口占总人口比例图
（资料来源：广东省统计年鉴）

抚养比又称抚养系数，是指在人口当中，非劳动年龄人口对劳动年龄人口数之比。抚养比越大，表明劳动力人均承担的抚养人数就越多，即意味着劳动力的抚养负担就越严重。

图2-55　2007—2016年广东省少年儿童、老年人口、总人口抚养比折线图
（资料来源：广东省统计年鉴）

2010年已经进入老年型人口结构的城市有梅州市、阳江市、韶关市、云浮市、河源市、清远市、茂名市、肇庆市、江门市、湛江市、潮州市、揭阳市、汕头市。

2010年老龄化程度最高是梅州市，其次为阳江市、韶关市、云浮市等城市。老龄化程度最低的是深圳市，其次为东莞市、中山市、珠海市等城市。

在2000—2010年间，65岁以上人口增长最快是深圳市，其次为梅州市、惠州市。

（2）性别结构

2016年，全省10999万常住人口中，男性为5763.48万人、占52.40%，女性5235.52万人、占47.60%；性别比（女性为100）110.08，与同期全国平均水平及本省户籍人口比较，分别高5.1和4.02百分点。

2009年以后，全省常住人口性别比超过102，主要原因是省外流入男性的数量较以往明显增加。

性别比过高或过低都可能会引发不良的社会问题（如男性过多时，会导致适龄男性结婚困难、结婚成本升高等）。性别比介于102~107之间为正常水平。

（3）城乡结构

2007—2016年间，全省城镇人口与非城镇人口占比有所上升。其中深圳城镇人口比例为100%，是21个城市中城镇人口比例最高的城市。其次是佛山市，在十年间城镇人口比例增长最快。深圳市、佛山市、东莞市、珠海市、中山市、广州市等珠三角城市均超过了全省平均水平。

图2-56　2007—2016年广东省常住人口性别比折线图
（资料来源：广东省统计年鉴）

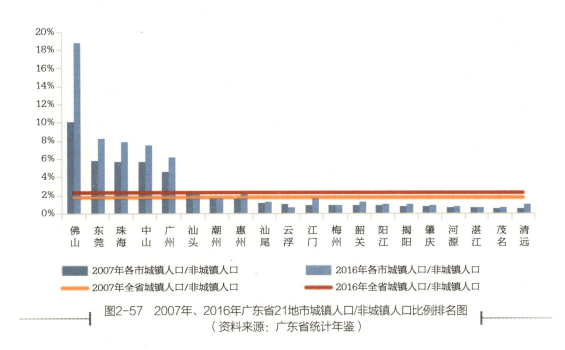

图2-57　2007年、2016年广东省21地市城镇人口/非城镇人口比例排名图
（资料来源：广东省统计年鉴）

2.2.3　就业和生活水平

（1）全省总就业量

2016年末全省就业人员6279.22万人，比2007年末增加了878.45万人。

十年间，广东省就业人员人数一直在增加，但是增长速度在2010年达到峰值后，有下降的趋势；2015年增长速度为0.58%，为十年最低点，2016年比2015年增长0.38个百分点。

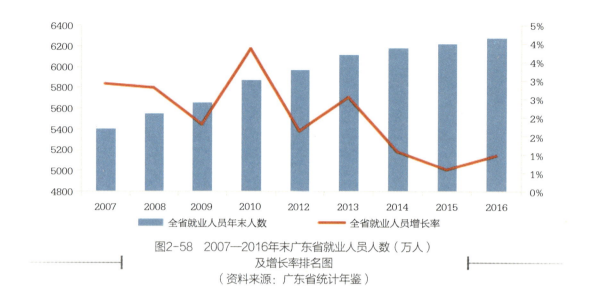

图2-58 2007—2016年末广东省就业人员人数（万人）及增长率排名图
（资料来源：广东省统计年鉴）

（2）各市私营、非私营人员就业情况

2016年末全省私营企业就业人数高于非私营企业就业人数，私营、非私营就业人员比例为2.23；比2007年下降了2.18倍。十年来全省非私营企业就业人数增长明显。

2007年东莞成为全省私营企业就业人数比例最大的城市，受国际金融经济危机和产业转移影响，东莞私营企业就业人数明显下降，2016年降到全省平均值以下。

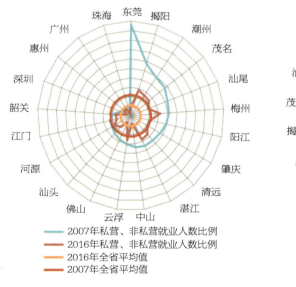

图2-59 2007年、2016年各市私营、非私营就业人数比例及当年全省平均值比例图
（资料来源：广东省统计年鉴）

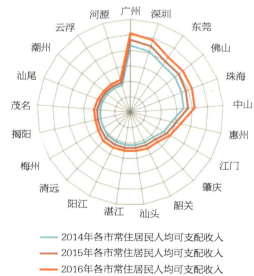

图2-60 2014年、2015年、2016年各市常住居民人均可支配收入（元）比例图
（资料来源：广东省统计年鉴）

（3）农村居民人均可支配收入

2014—2016年各市建议按城镇、农村居民人均可支配收入来划分比较合理。居民人均可支配收入稳步增长；其中人均可支配收入最高的城市为广州市，最低的城市为河源市。

（4）城镇居民人均可支配收入

2009—2013年各市城镇居民人均可支配收入稳步增长；其中人均可支配收入最高的城市为东莞市，最低的城市为河源市。2013年，人均可支配收入增长最快的是阳江市，最慢的是东莞市。

2.3 广东省科技创新发展空间特征

2.3.1 高新技术产业发展空间特征

（1）广东省在全国的地位

2016年，全国高新技术企业达到10.4万个。其中，广东高新技术企业数量19282个，占全国的18%。

2016年，广东全省高新技术产品产值达到6.15万亿元，比2015年增长13%。作为我国高新技术产品主要出口基地，广东高新技术产品位居全国首位。

（2）全省高新技术产品主要指标

2007—2016年，全省高新技术产品产值占全省工业总产值比重处于持续上升的状态。

2016年末，广东省高新技术产品产值占全省工业总产值比重为42.41%，比2015年上升了2.21个百分点。

同期，广东省高新技术产品出口占全省出口比重为35.7%，比去年下降了0.4个百分点。十年间高新技术产品出口占全省出口总额比重在2007—2013年为上升趋势，在2013年以后为下降趋势。

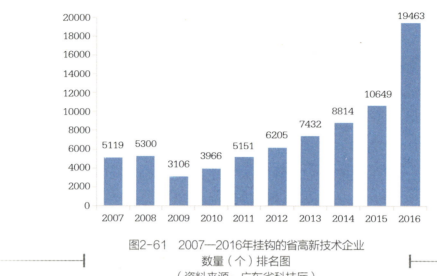

图2-61 2007—2016年挂钩的省高新技术企业
数量（个）排名图
（资料来源：广东省科技厅）

图2-62 2007—2016年广东省高技术产品产值占全省
工业总产值比重及占全省出口比重折线图
（资料来源：广东省科技厅）

（3）2008、2016年各市高新技术产品产值及增长率

2008—2016年间，高新技术产品产值最高的是深圳市、佛山市、广州市等珠三角地区城市。

其中，佛山市高新技术产品产值增长最快，由2008年的第三上升为2016年的第二。

十年间，韶关市、肇庆市、茂名市高新技术产品产值为负增长，说明这些地区的城市对高新产业的吸引力不够。

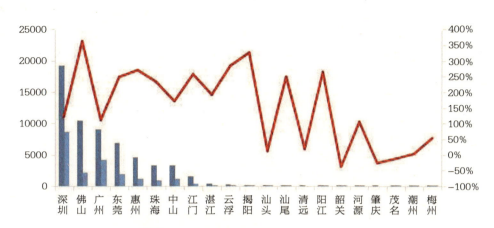

图2-63 2008年、2016年广东省21地市
高新技术产品产值及高新技术产品产值增长率排名图
（资料来源：广东省科技厅）

2.3.2 全省高新技术企业发展情况

2016年，全省高新技术企业数量19282个。其中，珠三角区域有18317家，占全省95%。东翼占比2%，西翼占比1%，山区占比2%。区域不均衡情况显著。

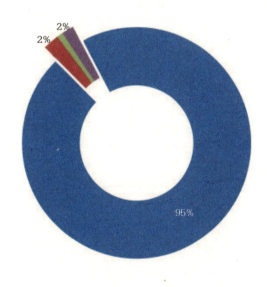

图2-64 2016年广东省21地市高新技术企业数量
及四大区域构成情况排名图
（资料来源：广东省科技厅2016年数据）

深圳市高新技术企业数量居于全省首位，共7943家；广州市排名第二，共4564家；首位度为1.7。东莞市、佛山市、中山市、珠海市次之。汕头市是非珠地区唯一进入前十的地级市。

2016年，广东高新技术企业主要集中在电子信息、高新技术服务等8大领域。其中，电子信息产业高新技术企业总量最大，共8144家，占全省43%。高新技术服务排名第二，共3072家，占全省16%。先进制造与自动化、新材料、生物医药、新能源、资源环境、航天航空次之。

八大领先高新技术企业数量最大的前两位城市基本为深圳市和广州市。深圳市在电子信息、高新技术企业等6大领域的高企数量全省第一，广州市的生物医药和资源环境高企数量全省第一。

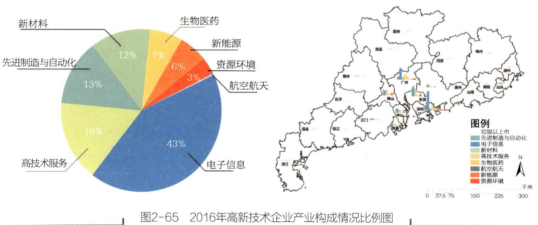

图2-65 2016年高新技术企业产业构成情况比例图
（资料来源：广东省科技厅2016年数据）

各产业类型首位城市与第二位城市企业数量（单位：个）　　　　表2-12

	电子信息		先进制造与自动化		生物医药		资源环境	
首位城市	深圳	4610	深圳	672	广州	442	广州	201
第二位城市	广州	1941	广州	480	深圳	336	深圳	176
	高技术服务		新材料		新能源		航空航天	
首位城市	深圳	1099	深圳	484	深圳	538	深圳	28
第二位城市	广州	882	东莞	403	广州	166	广州	14

2.3.3　全省高新技术企业空间格局

广东省高新技术企业呈现"双核"型空间形态，双核为广州市和深圳市。

高新技术企业数量最多为宝安区共计 2488 家，前十的区县主要集中在广州市和深圳市双核。唯一进入前十的区县位于东莞市松山湖。

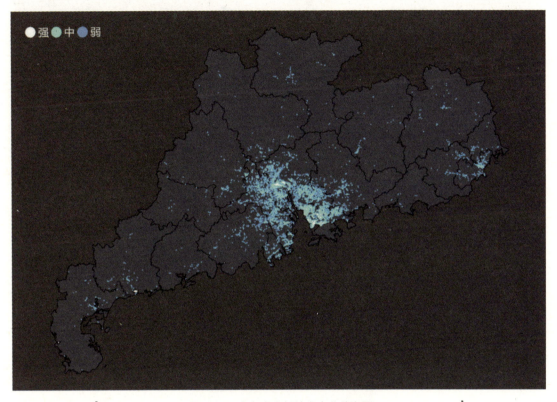

图2-66 广东省高新技术企业分布图

排名	区县	市	数量（个）
1	宝安区	深圳	2488
2	南山区	深圳	2188
3	天河区	广州	1315
4	龙华区	深圳	1159
5	萝岗区	广州	1032
6	龙岗区	深圳	888
7	福田区	深圳	857
8	番禺区	广州	562
9	南海区	佛山	521
10	松山湖片区	东莞	501

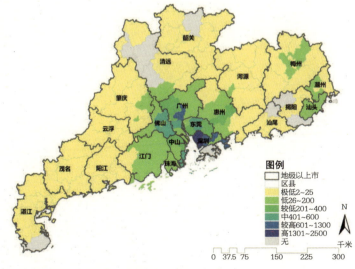

图2-67 2016年广东省各区县高新技术企业分布图及核密度分布图

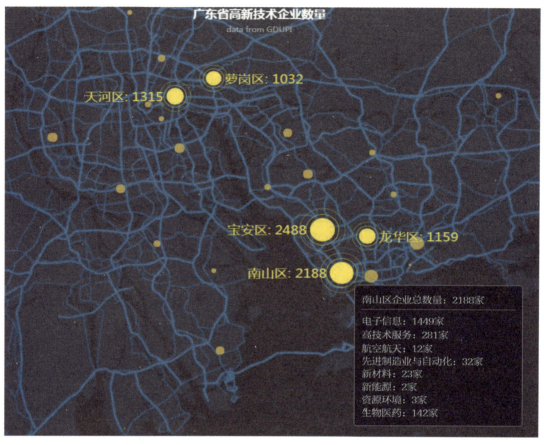

图2-68 广东省高新技术企业数量分布图

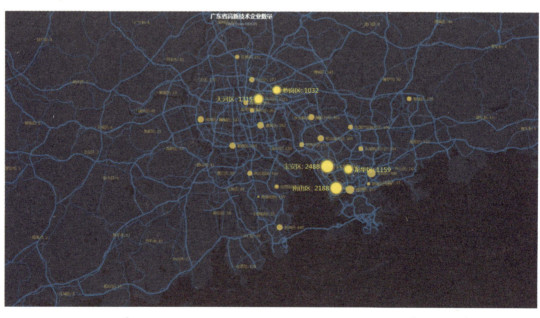

图2-69 广东省高新技术企业空间格局（七合一）

（1）全省高新技术企业空间格局（电子信息）——深圳市西海岸电子信息高地

2016年，电子信息高新技术企业共计8144家。深圳南山区共1449家，居全省各区县之首。排前十位的区县主要集中在深圳市、广州市、珠海市。

排名	区县	市	数量（个）
1	南山区	深圳	1449
2	宝安区	深圳	1334
3	天河区	广州	833
4	龙华区	深圳	671
5	福田区	深圳	556
6	龙岗区	深圳	441
7	萝岗区	广州	377
8	番禺区	广州	202
9	香洲区	珠海	189
10	越秀区	广州	153

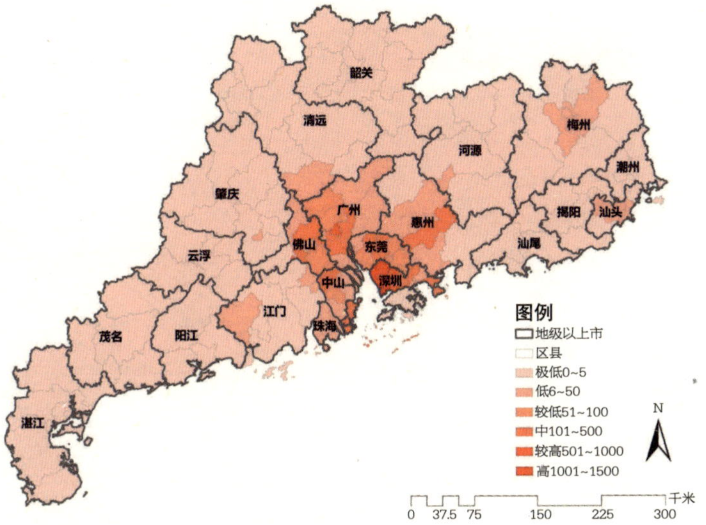

图2-70　2016年广东省各区县高新技术企业（电子信息）分布图及核密度分布图

（2）全省高新技术企业空间格局（高新技术服务）——广深中心城区双核

2016年，全省高技术服务高新技术企业共计3072家。深圳市宝安区共347家，居全省各区县之首。前十位的区县主要集中在深圳市、广州市、佛山市。

排名	区县	市	数量（个）
1	宝安区	深圳	347
2	南山区	深圳	281
3	天河区	广州	268
4	福田区	深圳	163
5	萝岗区	广州	157
6	龙华区	深圳	125
7	龙岗区	深圳	107
8	越秀区	广州	106
9	顺德区	佛山	104
10	番禺区	广州	88

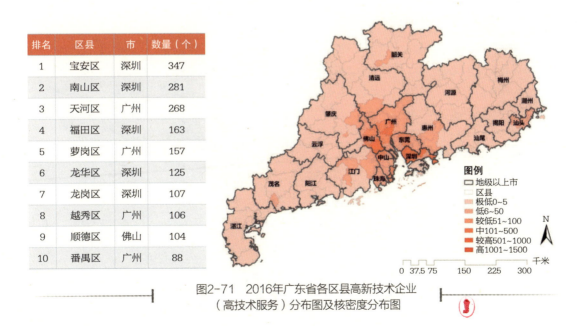

图2-71　2016年广东省各区县高新技术企业（高技术服务）分布图及核密度分布图

（3）全省高新技术企业空间格局（先进制造与自动化）——东西两岸交相辉映

2016年，全省先进制造与自动化高新技术企业共计2507家。深圳市宝安区共319家，居全省各区县之首。排前十位的区县主要集中在深圳市、佛山市、东莞市、广州市、中山市。

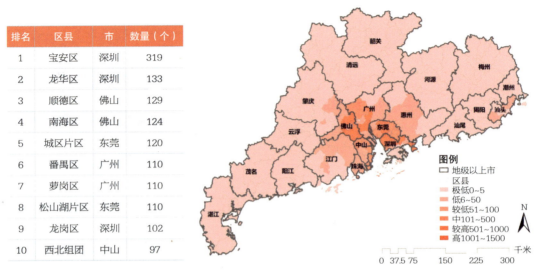

排名	区县	市	数量（个）
1	宝安区	深圳	319
2	龙华区	深圳	133
3	顺德区	佛山	129
4	南海区	佛山	124
5	城区片区	东莞	120
6	番禺区	广州	110
7	萝岗区	广州	110
8	松山湖片区	东莞	110
9	龙岗区	深圳	102
10	西北组团	中山	97

图2-72　2016年广东省各区县高新技术企业（先进制造与自动化）分布图及核密度分布图

（4）全省高新技术企业空间格局（新材料）——起步阶段各区多点开花

2016年，新材料高新技术企业共计2314家。深圳市宝安区共187家，居全省各区县之首。排前十位的区县主要集中在深圳市、广州市、佛山市、东莞市。

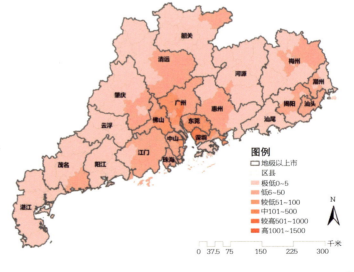

排名	区县	市	数量（个）
1	宝安区	深圳	187
2	萝岗区	广州	111
3	南海区	佛山	100
4	松山湖片区	东莞	100
5	龙岗区	深圳	93
6	顺德区	佛山	85
7	东部产业园片区	东莞	79
8	龙华区	深圳	74
9	南山区	深圳	70
10	滨海片区	东莞	63

图2-73　2016年广东省各区县高新技术企业（新材料）分布图及核密度分布图

（5）全省高新技术企业空间格局（生物医药）——广深外围地区初步领先

2016年，生物医药高新技术企业共计1350家。广州市萝岗区共168家，居全省各区县之首。排前十位的区县主要集中在广州市、深圳市、珠海市、佛山市。

排名	区县	市	数量（个）
1	萝岗区	广州	168
2	南山区	深圳	142
3	宝安区	深圳	65
4	白云区	广州	64
5	天河区	广州	57
6	龙岗区	深圳	40
7	海珠区	广州	36
8	番禺区	广州	35
9	香洲区	珠海	35
10	南海区	佛山	35

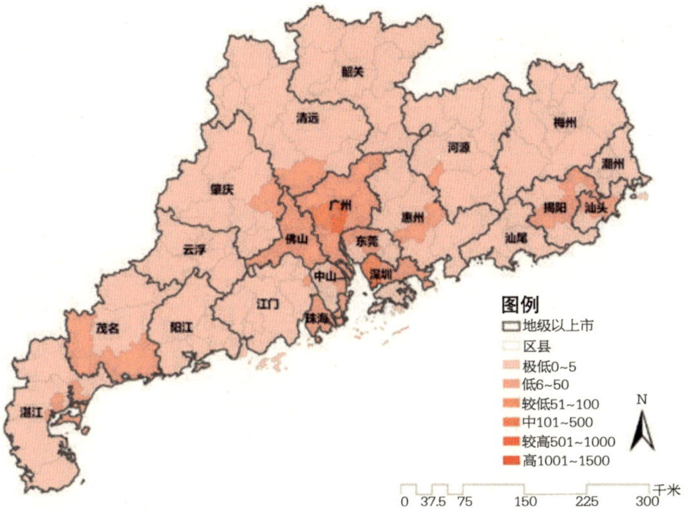

图2-74　2016年广东省各区县高新技术企业（生物医药）分布图及核密度分布图

（6）全省高新技术企业空间格局（新能源）——深圳东莞率先布局

2016年，新能源高新技术企业共计1157家。深圳市宝安区共194家，居全省各区县之首。排前十位的区县主要集中在深圳市、佛山市、广州市、东莞市。

排名	区县	市	数量（个）
1	宝安区	深圳	194
2	南山区	深圳	101
3	龙华区	深圳	101
4	龙岗区	深圳	76
5	顺德区	佛山	49
6	萝岗区	广州	48
7	南海区	佛山	47
8	福田区	深圳	37
9	松山湖片区	东莞	32
10	城区片区	东莞	32

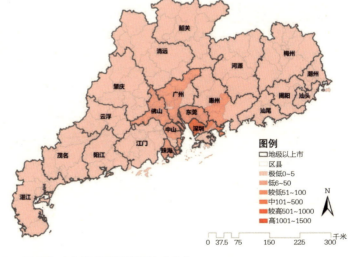

图2-75　2016年广东省各区县高新技术企业（新能源）分布图及核密度分布图

（7）全省高新技术企业空间格局（资源环境）——有待发育的高新技术企业类型

2016年，资源环境高新技术企业共计578家。深圳市南山区共55家，居全省各区县之首。排前十位的区县主要集中在深圳市、广州市、佛山市。

排名	区县	市	数量（个）
1	南山区	深圳	55
2	天河区	广州	52
3	萝岗区	广州	46
4	宝安区	深圳	36
5	番禺区	广州	34
6	顺德区	佛山	32
7	福田区	深圳	30
8	南海区	佛山	25
9	龙岗区	深圳	25
10	龙华区	深圳	20

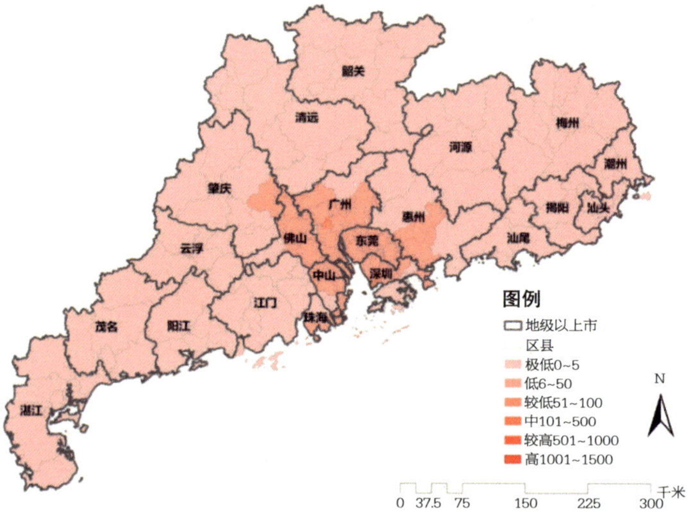

图2-76　2016年广东省各区县高新技术企业（资源环境）分布图及核密度分布图

（8）全省高新技术企业空间格局（航空航天）——广东的高新技术产业短板

2016年，资源环境高新技术企业共计160家。深圳市南山区共12家，居全省各区县之首。排前十位的区县主要集中在深圳市、广州市、珠海市、汕头市、惠州市。

排名	区县	市	数量（个）
1	南山区	深圳	12
2	萝岗区	广州	7
3	宝安区	深圳	6
4	香洲区	珠海	4
5	龙岗区	深圳	4
6	番禺区	广州	2
7	澄海区	汕头	2
8	金湾区	珠海	2
9	惠城区	惠州	2
10	福田区	深圳	2

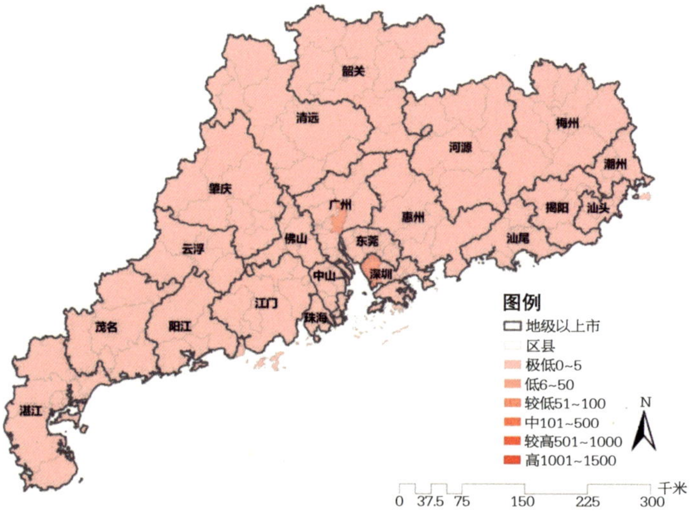

图2-77　2016年广东省各区县高新技术企业（航空航天）分布图及核密度分布图

2.3.4 全省专利权发展情况

2016年,全省高新技术企业数量19282个。其中,珠三角地区有18317家,占全省95%。东翼占比2%,西翼占比1%,山区占比2%。区域不均衡情况显著。

深圳市高新技术企业数量居于全省首位,共7943家;广州市排名第二,共4564家;首位度为1.7。东莞市、佛山市、中山市、珠海市次之。汕头市是非珠地区唯一进入前十的地级市。

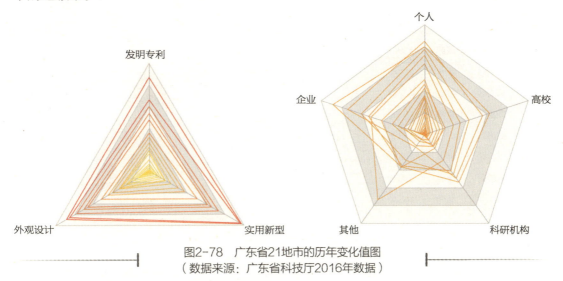

图2-78 广东省21地市的历年变化值图
(数据来源:广东省科技厅2016年数据)

备注:关于区域范围的划分建议在报告的开头章节进行统一规定。珠三角包括深圳市、广州市、东莞市、佛山市、中山市、珠海市、惠州市、江门市、肇庆市;东翼包括汕头市、揭阳市、潮州市、汕尾市;西翼包括湛江市、茂名、阳江市;山区包括清远市、梅州市、韶关市、河源市、云浮市。

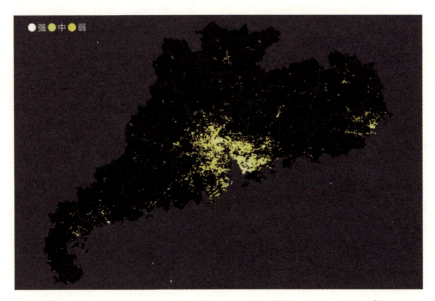

图2-79 广东省专利分布图

2.3.5 全省专利权空间格局

（1）全省专利权（发明专利）——深圳南山独占鳌头，湾区六城均有区进入前十

深圳市南山区发明专利授权共10.8万件，领先第二位的深圳市龙岗1.8倍。广州天河、珠海市香洲、佛山市顺德、惠州市惠城区、东莞市松山湖等均有不俗的表现，纷纷排进前十。

排名	区县	市	数量（个）
1	南山区	深圳	108290
2	龙岗区	深圳	57256
3	福田区	深圳	31927
4	天河区	广州	31325
5	宝安区	深圳	23321
6	香洲区	珠海	18305
7	萝岗区	广州	15295
8	顺德区	佛山	13770
9	惠城区	惠州	12849
10	松山湖片区	东莞	10566

图2-80 广东省各区县专利申请类型（发明专利）分布图

（2）全省专利权（实用新型）——珠三角核心区遍地开花，粤东西北存在提升空间

全省实用新型专利集中于珠三角核心区，深圳市宝安、福田、龙岗、佛山市顺德、南海、珠海香洲、中山市西北组团、广州市天河各区进入前十。珠三角核心区各区实用新型专利均在1万以上，粤东西北呈现零星状分布，在实用新型专利上存在较大的提升空间。

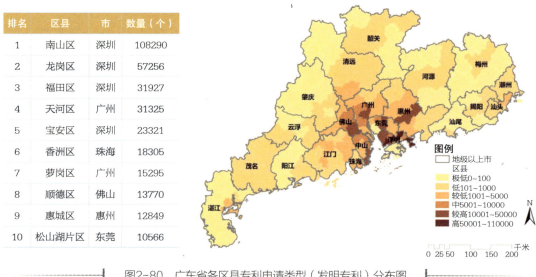

排名	区县	市	数量（个）
1	宝安区	深圳	55421
2	南山区	深圳	52965
3	顺德区	佛山	38216
4	福田区	深圳	29831
5	龙岗区	深圳	27080
6	香洲区	珠海	24424
7	南海区	佛山	22725
8	南海区	佛山	22725
9	西北组团	中山	21474
10	天河区	广州	21073

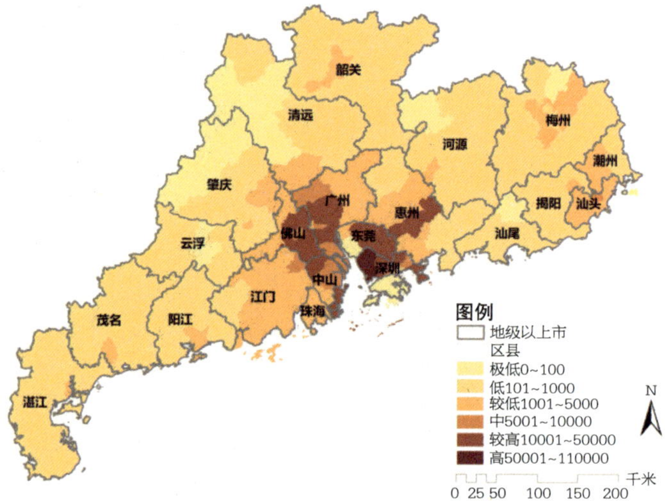

图2-81 广东省各区县专利申请类型（实用新型）分布图

（3）全省专利权（外观设计）——珠三角平原与潮汕平原交相辉映

与其他专利权相似，珠三角是区域专利权集聚的高地。中山西北组团外观设计专利居全省区县第一，佛山市顺德、南海、深圳市宝安、龙岗、南山、东莞市城区片区、广州市越秀多区进入前十。此外，粤东潮汕地区，以汕头市澄海区为首的区域外观专利权设计活跃，位于全省第九。

排名	区县	市	数量（个）
1	西北组团	中山	62050
2	顺德区	佛山	56246
3	宝安区	深圳	39361
4	龙岗区	深圳	30998
5	南山区	深圳	30707
6	南海区	佛山	29737
7	福田区	深圳	25524
8	城区片区	东莞	24674
9	澄海区	汕头	23721
10	越秀区	广州	19808

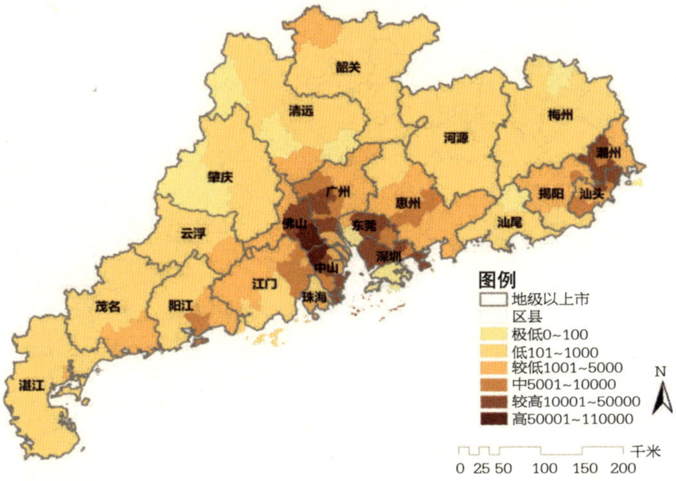

图2-82 广东省各区县专利申请类型（外观设计）分布图

（4）全省专利权（企业专利）——高度集聚于珠三角，深圳市企业创新动力最强

在企业创新层面，深圳市的南山、龙岗、宝安、福田、龙华等五区均进入全省前十，企业创新动力强大，珠三角其他区县成立后，如佛山市顺德、珠海市香洲、东莞市松山湖片区、广州市萝岗均有较佳表现，进入全省前十，企业发明专利均在3万件以上。

排名	区县	市	数量（个）
1	南山区	深圳	157609
2	龙岗区	深圳	88626
3	宝安区	深圳	85826
4	福田区	深圳	52314
5	顺德区	佛山	50929
6	香洲区	珠海	46791
7	龙华区	深圳	33320
8	西北组团	中山	32179
9	松山湖片区	东莞	32024
10	萝岗区	广州	31542

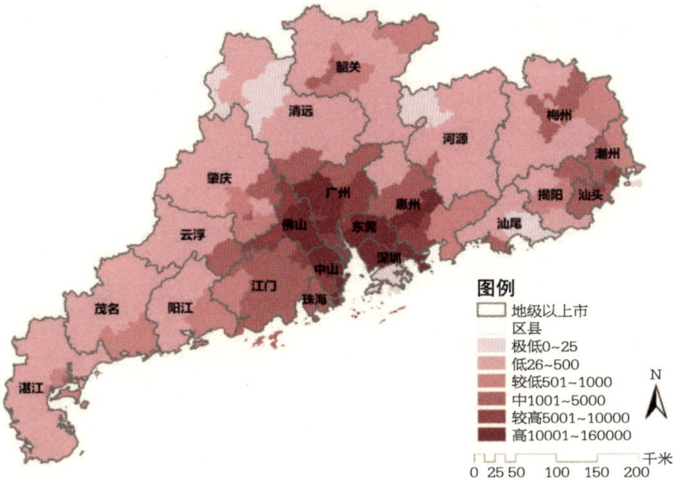

图2-83 广东省各区县专利申请人类型（企业）分布图

（5）全省专利权（个人专利）——珠三角全面开花，粤东潮汕平原初现创新核心

在个人发明的专利层面，珠三角的中山市、佛山市、深圳市、东莞市、广州市纷纷进入全省前十，形成了多点开花的态势。此外，潮汕地区、汕头市澄海区等地初步形成创新核心。

排名	区县	市	数量（个）
1	西北组团	中山	56781
2	顺德区	佛山	56703
3	南海区	佛山	37216
4	福田区	深圳	33484
5	宝安区	深圳	32133
6	城区片区	东莞	28929
7	龙岗区	深圳	26311
8	越秀区	广州	24161
9	南山区	深圳	23323
10	禅城区	佛山	22936

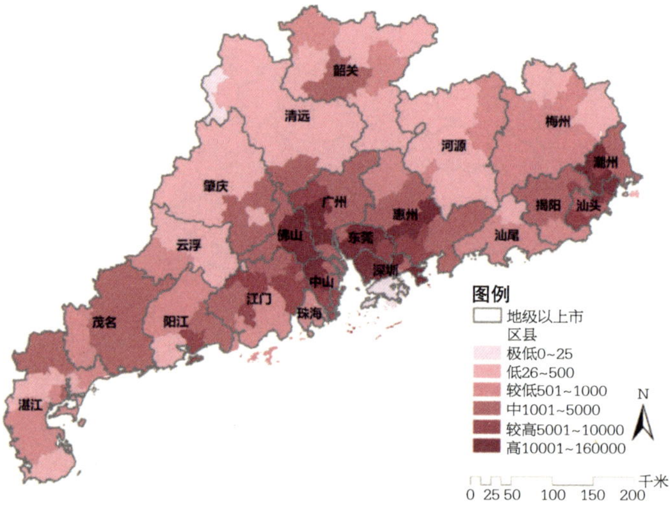

图2-84 广东省各区县专利申请人类型（个人）分布图

（6）全省专利权（高校专利）——广州市处于绝对领先，粤西湛江市、茂名市存在亮点

在高校创新层面，广州市天河处于绝对的领先地区，专利权共计2.3万件。此外广州市番禺、海珠、越秀等五区进入全省高校专利创新权前十。此外，在粤西茂名市的茂南区、湛江市赤坎的高校创新能力抢眼，分列全省第九、十位。

排名	区县	市	数量（个）
1	天河区	广州	23868
2	南山区	深圳	8663
3	番禺区	广州	6672
4	海珠区	广州	5671
5	越秀区	广州	3479
6	白云区	广州	2255
7	南沙区	广州	1722
8	南部组团	中山	1611
9	茂南区	茂名	1266
10	赤坎区	湛江	1109

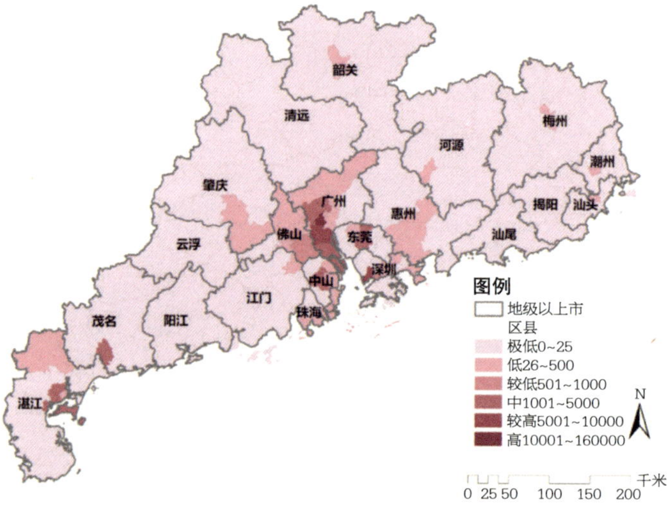

图2-85 广东省各区县专利申请人类型（高校）分布图

（7）全省专利权（科研机构专利）——深圳强势追赶广州市，粤西表现仍有亮点

在科研机构创新层面，天河区科研机构创新位于全省第一，同时越秀、海珠、南沙多区进入全省前十。深圳市虽然高校资源不足，但近年来大量引进科研机构，南山和福田分列全省第2及第5位，强势追赶。同时，湛江市的麻章区位居全省第10。

排名	区县	市	数量（个）
1	天河区	广州	2777
2	南山区	深圳	2367
3	越秀区	广州	2138
4	海珠区	广州	1400
5	福田区	深圳	883
6	萝岗区	广州	789
7	罗湖区	深圳	488
8	南沙区	广州	484
9	松山湖片区	东莞	467
10	麻章区	湛江	406

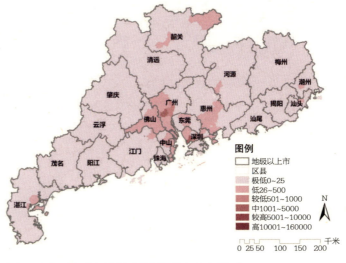

图2-86　广东省各区县专利申请人类型（科研机构）分布图

2.3.6　高校和研发机构空间分布

（1）省内本科一类学校毕业生人数及就业分布

广东省本科一批学校2016届毕业生共计93718人，其中本科生74713人（占比79.72%），硕士研究生15891人（占比16.95%），博士研究生1559人（占比1.66%）。

就业地域去向：

将2016届毕业生就业区域分为广州市、深圳市、广东省其他城市、省外城市四类，广州市吸纳省内高校毕业生39231人，占比42.39%；深圳市吸纳省内高校毕业生19800人，占比21.13%；广东省其他城市吸纳省内高校毕业生18275人，占比19.50%；省外城市吸纳省内高校毕业生11960人，占比12.76%。

（2）研发机构

2010—2016年全省R&D（研究与开发）活动人员数量缓慢增长，其中增长最快的是2010—2012年，2012年之后R&D人员数量小幅度增长，在2015年有所下降，之后又有所回升。

2010—2016年，全省R&D经费内部支出稳步增长。

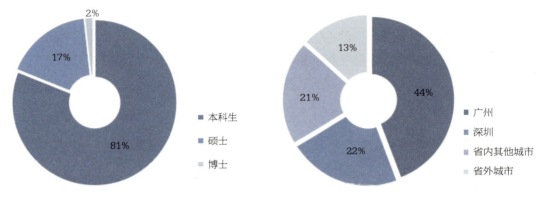

图2-87 （资料来源：各高校就业质量年度报告）

左：广东省本科一类学校毕业生人数比例图
右：广东省本科一类学校毕业生就业地域比例图

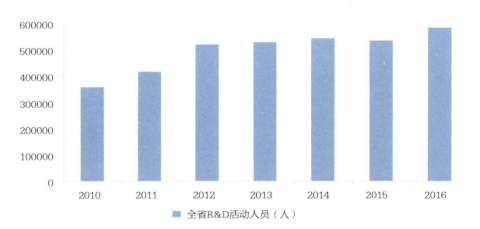

图2-88 广东省R&D活动人员发展情况排名图
（资料来源：广东省统计年鉴）

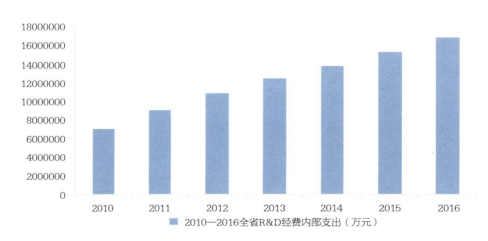

图2-89 2010—2016年广东省R&D经费内部支出排名图
（资料来源：广东省统计年鉴）

全省R&D人员主要集中在深圳、广州、佛山、东莞、中山等珠三角城市。

2010—2016年深圳市拥有的R&D人员数量以绝对优势位居全省首位，并且七年间增长人数最多。

2010—2016年各市R&D人员增长最快的是河源、汕尾、惠州、茂名等经济相对不太发达的城市。

图2-90　2010年、2016年广东省21地市R&D活动人员数量及增长率排名图
（资料来源：广东省统计年鉴）

2010—2016年间，全省R&D经费内部支出最高的城市分别是深圳、广州、佛山等珠三角城市，这些城市在科研创新方面强于非珠三角地区城市。

深圳市在7年间R&D经费增长幅度最大，汕尾市的增长率最高。

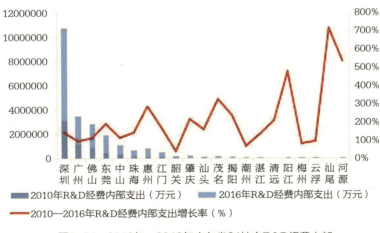

图2-91　2010年、2016年广东省21地市R&D经费内部支出及增长率排名图
（资料来源：广东省统计年鉴）

2.4 广东省城镇化发展空间特征

2.4.1 城镇化发展水平

2.4.1.1 历史规律与发展模式

现代意义的城镇化开始于 18 世纪后期的工业革命之后。在两百余年的世界城镇化历史中，城镇化发展存在一般规律，也因不同国情条件、技术进步呈现一定差异性。城镇化曲线存在三个拐点：城镇化水平超过 30% 时，进入快速城镇化阶段，经济发展势头极为迅猛；城镇化水平达到 50% 后，进入城镇化中期，城镇化速度开始趋缓，经济、社会结构面临巨大转变；城镇化水平超过 70% 后，进入城镇化成熟阶段，经济增速趋于平稳，国家处于实现现代化、跨入后工业化社会的关键节点。

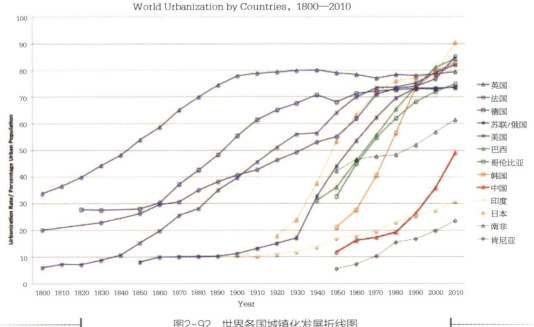

图2-92 世界各国城镇化发展折线图

英国早在19世纪末已达到城镇化率70%的时间节点；德国、美国、加拿大、日本、法国等在1950—1960年代达到该节点；西班牙、俄罗斯、沙特阿拉伯、巴西、墨西哥、韩国、瑞士等在1950—1960年代达到该节点；荷兰等在1990年代达到城镇化率70%的时间节点；土耳其等城镇化大战相对滞后，在2000年代才达到城镇化率70%的时间节点。

城镇化率70%后发展模式　　　　　　　　　　　表2-13

模式	特征	代表国家
欧美模式	经济发展同时，城镇化速度显著减慢，出现分散城镇化、逆城镇化等现象	英国、德国、美国、加拿大等
日韩模式	城镇化速度与人均GDP保持较快增长，城镇化率可达到85%以上	日本、韩国、荷兰等
拉美模式	人均GDP增长滞后城镇化，城镇化速度先快后慢	巴西、墨西哥、阿根廷等

2.4.1.2　广东省城镇化发展阶段

目前，广东省城镇化率已接近70%，进入城镇化成熟阶段。广东省与土耳其、克罗地亚、哥斯达黎加、马来西亚等世界中高收入国家（世界银行标准）城镇化、经济、社会发展水平相近，与发达国家水平仍有明显差距。

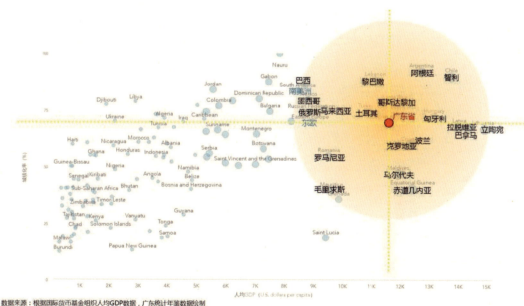

数据来源：根据国际货币基金组织人均GDP数据，广东统计年鉴数据绘制

图2-93　2016年广东省对标世界各国城镇化率与人均GDP图

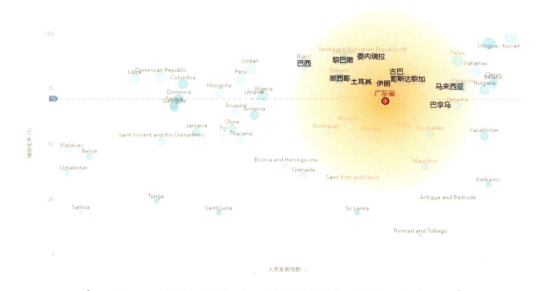

图2-94 广东省对标世界各国城镇化率与联合国人类发展指数图

2.4.1.3 广东省城镇化发展特征

（1）人口增长动力

总体上，广东省人口增长动力逐步由外来迁入人口为主转变为以本地自然人增长为主。2017年，广东省新增常住人口170万人，占全国新增人口的23%。2013年以来，广东省人口机械增长规模明显高于江苏、浙江、山东、福建四省；同时，受生育潮和国家"全面二孩"政策影响，广东人口自然增长率明显加快。2017年，全省人口机械增长规模达68.5万人；人口自然增长率为9.16‰，增长101.5万人，明显高于其他各省。

图2-95 2010—2017年广东省人口自然增长、机械增长规模（万人）排名图

图2-96　2010—2017年全国主要沿海省份人口自然增长规模折线图（万人）

（2）珠三角集聚力

2017年，广东省外来人口进一步向深圳、广州等珠三角核心城市集中，成为本地人口增长的主要动力。深圳市、广州市人口机械增长规模分别为51.6万人和31.5万人。

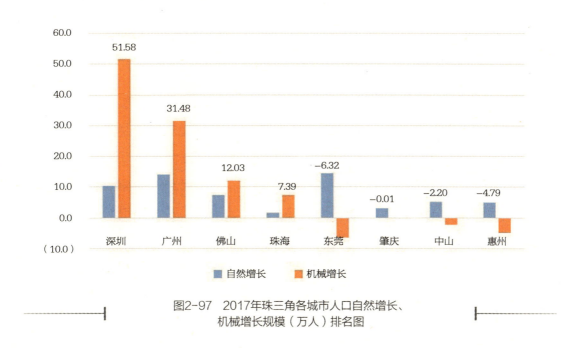

图2-97　2017年珠三角各城市人口自然增长、机械增长规模（万人）排名图

（3）人口年龄结构

广东省人口年龄结构"两头小，中间大"，目前仍处于享受人口红利的阶段。2017年，全省65岁及以上人口比例为8.6%，已进入老龄化社会（7%），但低于江苏、浙江、山东、福建四省；0~14岁人口比例为17.2%，高于江苏、浙江、福建三省；劳动年龄人口占比为74.2%，仅低于福建省。

相比2010年，2017年广东省总抚养比小幅上升到34.8%，低于山东、江苏、浙江。

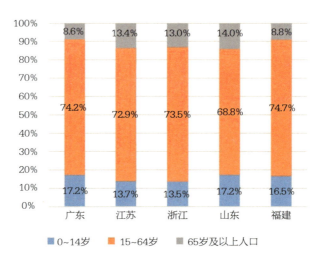

图2-98 2017年全国主要沿海省份人口年龄结构排名图

图2-99 2017年全国主要沿海省份抚养比排名图

（4）人口城镇化率

广东省常住人口城镇化率高、户籍人口城镇化率低，2016年广东户籍人口城镇化率与常住人口城镇化率相差14.9%，差值水平居全国主要沿海省份中游；现状约2685万人没有在广东落户，规模居全国主要沿海省份第一。广东省户籍人口城镇化率增速偏慢，2008—2016年年均提高0.25%。

《广东省推动非户籍人口在城市落户实施方案》要求："十三五"期间，全省努力实现1300万左右非户籍人口在城市落户；对应年均260万非户籍人口落户。近三年新增

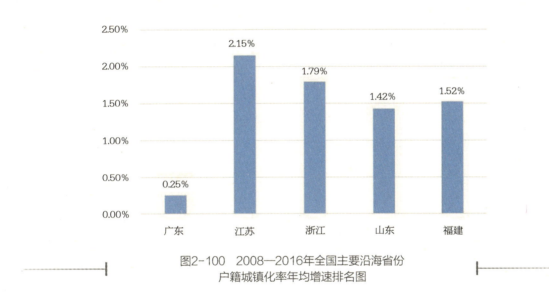

图2-100　2008—2016年全国主要沿海省份户籍城镇化率年均增速排名图

图2-101　全国主要沿海省份现状常住、户籍人口城镇化率比较排名图

全国主要沿海省份现状未落户城镇人口   表2-14

省份	常驻城镇人口（万人）	户籍城镇人口（万人）	未落户城镇人口（万人）
广东（2017年）	7802	5117	2685
江苏（2014年）	5190	4662	568
浙江（2016年）	3745	2166	1580
山东（2016年）	5871	4861	1009
福建（2016年）	2464	1716	748

户籍人口规模与政策目标存在较大差距。2015年起，广东省推行户籍制度改革等政策对外省流动人口、本省外地乡村人口落户有较强吸引力，但本地乡村人口城镇落户意愿不强，扣除因各市城乡户口统计范围属性变化新增的城镇人口，广东年均只有约10万本地乡村人口在城镇落户。

图2-102 2015—2017年广东省不同来源落户户籍人口（万人）排名图

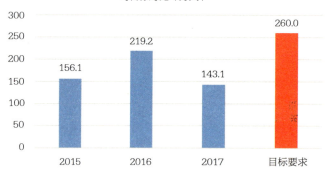

图2-103 2015—2017年广东省新增户籍人口（不含出生）与目标对比（万人）排名图

2.4.2 城镇化空间特征

2.4.2.1 总体格局与分区发展

由于广东省人口、产业等要素的空间分布极不均衡，珠三角、粤东西北地区的城镇化水平、效率、质量存在明显差异。2017年，珠三角地区城镇化率达85%，进入城镇

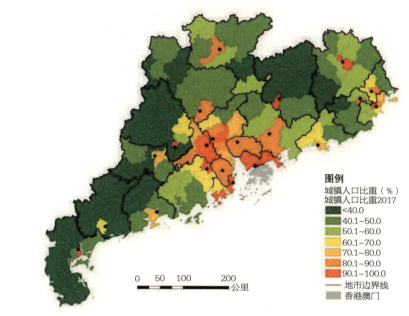

图2-104　2017年广东省城镇人口比重分布图

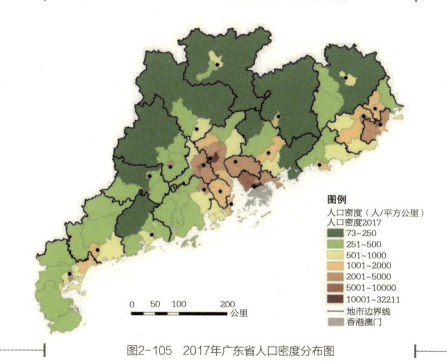

图2-105　2017年广东省人口密度分布图

化成熟期和后工业化时期；粤东城镇化60%，处于城镇化中后期和工业化后期；粤西、粤北城镇化率分别为44%和49%，处于工业化中期。

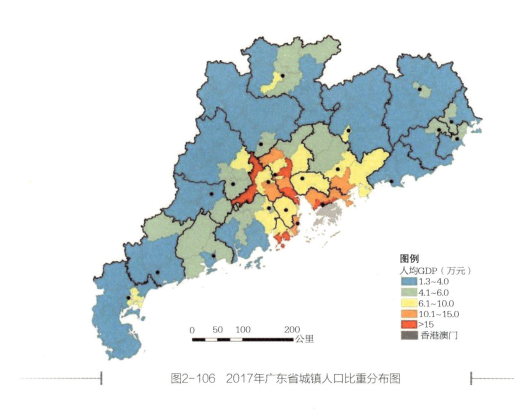

图2-106　2017年广东省城镇人口比重分布图

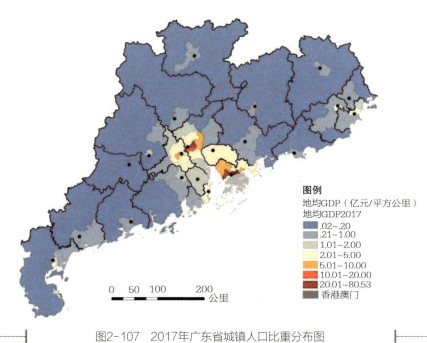

图2-107　2017年广东省城镇人口比重分布图

广东省/四大区域第一、二、三产业占比　　　　　表2-15

区域	第一产业占比	第二产业占比	第三产业占比
珠三角	1.78	42.15	56.07
粤东	8.41	51.6	39.99
粤西	17.75	39.52	42.73
粤北	15.88	38.23	45.89
全省	1.78	42.15	56.07

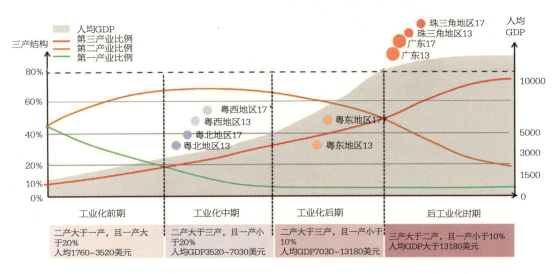

图2-108　广东省/四大区域第一、二、三产业占比及人均GDP变化图

城镇化空间格局方面，珠三角地区由于高度集聚各类要素，形成集中连片的城市群；内部发育联系更加紧密的都市区；粤东地区城市群初步形成，但规模和联系强度较弱，粤西沿海岸带形成相对分散的、围绕中心城市的城镇化发展区域；粤北地区沿主要交通廊道形成分散的要素聚集区。

2.4.2.2　要素特征的分区发展

（1）人口要素

总体上，珠三角地区仍在快速集聚人口阶段，粤东、西、北地区人口外流。2013—2017年，珠三角城镇化率增速明显趋缓，但新增城镇人口数量大，占全省新增城镇人口的75%。珠三角新增城镇人口以跨省和省内跨市人口为主要来源，呈现出异地城镇化的特征；粤东、西、北城镇化率增速仅为4.8%，低于全国平均水平。广东省内副中心城市（汕头、湛江）城镇化的带动作用不明显。

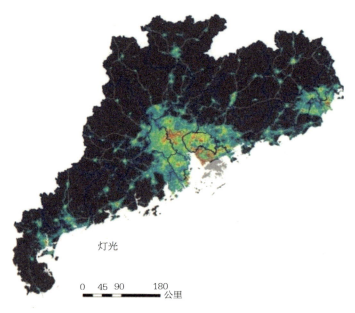

图2-109 广东省灯光分布图

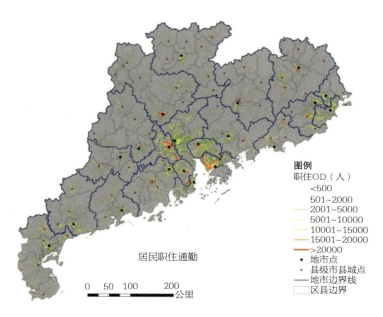

图2-110 广东省居民职住通勤分布图

2013—2017年广东省常住人口城镇化率变化　　　　表2-16

区域	新增城镇人口（万人）	城镇化率变化（%）	2017年城镇化率（%）
珠三角地区	456.46	0.01	0.85
粤西地区	66.97	0.0355	0.44
粤东地区	23.65	0.006	0.6
粤北地区	62.02	0.03	0.49
全省	609.1	0.022	0.7

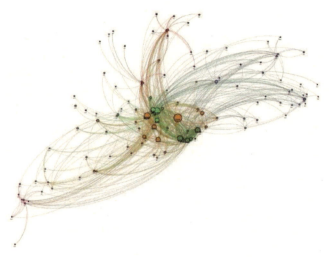

图2-111 广东省区县级企业总部分支联系图

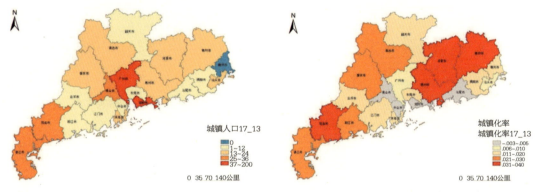

图2-112 2013—2017年广东省
常住城镇人口变化图

图2-113 2013—2017年广东省
常住人口城镇化率变化图

（2）产业要素

总体上，珠三角与其他地区产业协调发展效果不明显。2016年，珠三角GDP占全省总量的79.3%，在省内经济发展中占据绝对主体地位，与粤东西北地区差距明显。珠三角工业增加值占比下降幅度不明显，服务业增加值占比小幅上升；粤东、粤西地区工业增加值占全省比重分别提高到8%、6.6%；粤北地区工业增加值占全省比重下降。

（3）建设用地要素

珠三角地区开发强度进一步提高，粤北、粤西地区逐步成为建设用地投放重点区域。2017年，珠三角地区新增建设用地占全省总面积的55.96%，开发强度增幅明显高于全省其他地区；粤北、粤西地区新增建设用地面积占全省比重分别为23.4%、13.68%，高于本地区人口、GDP占全省比重，是全省建设用地增长的重点地区。

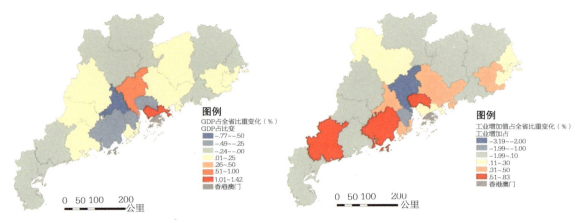

图2-114 2013—2017年广东省
GDP占比变化分布图

图2-115 2013—2017年广东省
工业增加值占比变化分布图

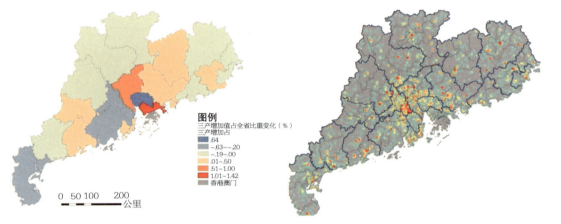

图2-116 2013—2017年广东省三产增加
值占比变化分布图

图2-117 2017年广东省交易建设用地总
体密度分布图

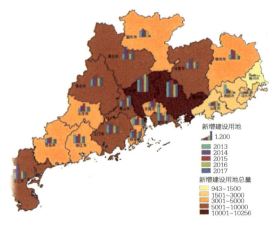
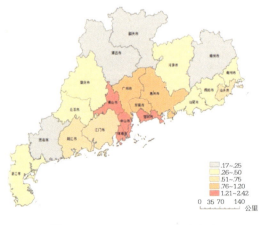

图2-118 2013—2017年广东省
新增建设用地总量分布图

图2-119 2013—2017年广东省
开发强度变化分布图

2.5 专题：广东省 2017 数据速递

2.5.1 国内生产总值

（1）GDP 总量

2017 年，全省 GDP 总量为 95155 亿元，平均 GDP 突破 4500 亿元大关。全省各地市 GDP 总量呈三大梯队分布，第一梯队为广州市和深圳市，GDP 总量超过 20000 亿元，明显高于其他城市；第二梯队为 GDP 总量在 7500~10000 亿元之间的佛山市和东莞市；其余地市为第三梯队，GDP 总量不超过全省平均水平（4531.20 亿元）。

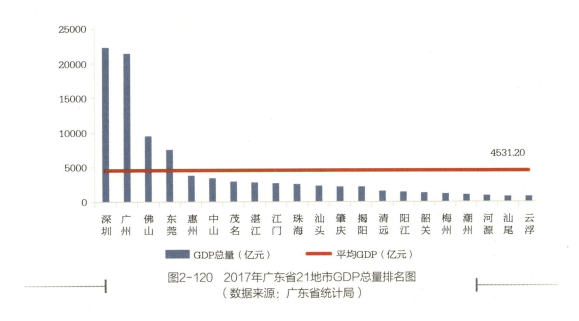

图2-120　2017年广东省21地市GDP总量排名图
（数据来源：广东省统计局）

（2）GDP 增量

2017 年，广东省 21 地市生产总值增量平均值为 392.98 亿元。全省各地市 2017 年 GDP 增量方面，深圳市和广州市分别以 2359.81 亿元和 1697.73 亿元位列第一和第二；其次是佛山和东莞，GDP 增量超过 600 亿元；其余地市 GDP 增量低于全省平均水平。

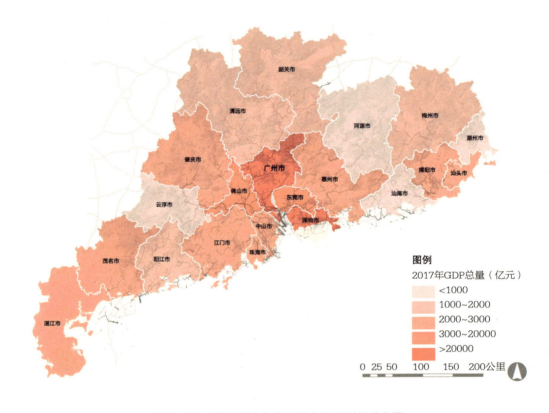

图2-121 2017年广东省21地市GDP总量分布图
（数据来源：广东省统计局）

图2-122 2017年广东省21地市GDP增量排名图
（数据来源：广东省统计局）

（3）GDP 增速

2017年，全省平均 GDP 增速达 8.66%。珠海市 GDP 增速排名第一，高达 13.21%；汕头市和深圳市次之，GDP 增速分别为 12.39% 和 11.75%；惠州市、茂名市、阳江市、江门市、潮州市、东莞市、湛江市、韶关市、佛山市均超过全省平均 GDP 增速；其余地市 GDP 增速低于全省平均水平。

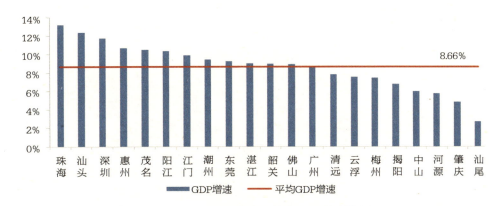

图2-123 2017年广东省21地市GDP增速排名图
（数据来源：广东省统计局）

2.5.2 人口结构

（1）常住人口

全省2017年末常住人口达到11169万人。2017年末，广州市和深圳市2017年末常住人口分别为1449.84万人和1252.83万人，超过特大城市标准；东莞市、佛山市、湛江市、茂名市、揭阳市、汕头市常住人口数量在500~1000万之间，属于大城市水平；其余地市常住人口数量均在100~500万之间，属于中等城市水平。

图2-124 2017年广东省21地市GDP增速排名图
（数据来源：广东省统计局）

（2）城镇人口

2017年，广东省城镇人口达7801.55万人，平均城镇人口数量为371.5万人。2017年，深圳市和广州市城镇人口数量位列前两位，分别达1249.54万人和1248.89万人；其次为东莞市和佛山市，城镇人口分别为749.66万人和727.08万人；其余地市城镇人口数量均不超过全省城镇人口数量的平均水平。

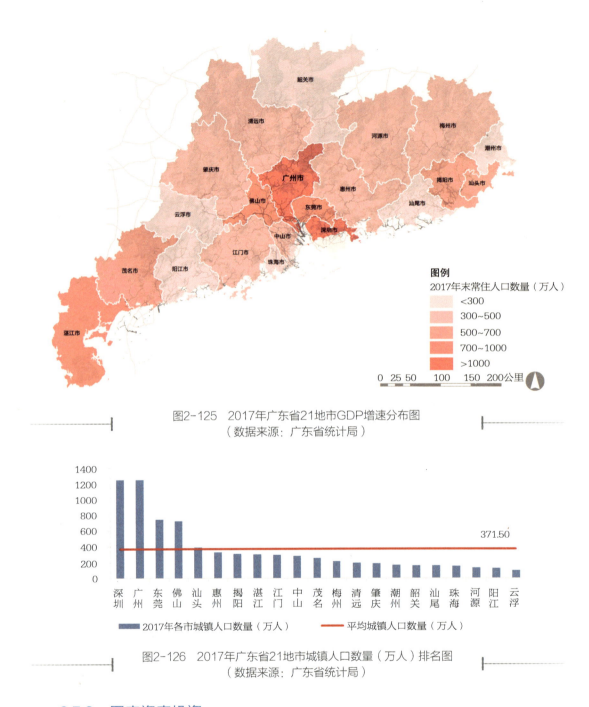

图2-125 2017年广东省21地市GDP增速分布图
（数据来源：广东省统计局）

图2-126 2017年广东省21地市城镇人口数量（万人）排名图
（数据来源：广东省统计局）

2.5.3 固定资产投资

2017年，全省固定资产投资高达37477.96亿元，市均固定资产投资突破1700亿元大关。各地市固定资产投资呈三大梯队分布：第一梯队为固定资产投资超过4000亿的广州市、深圳市和佛山市；第二梯队为固定资产投资在2000~2300亿元之间的惠州市和汕头市；其余城市为第三梯队，固定资产投资低于全省平均水平（1784.66万元）。

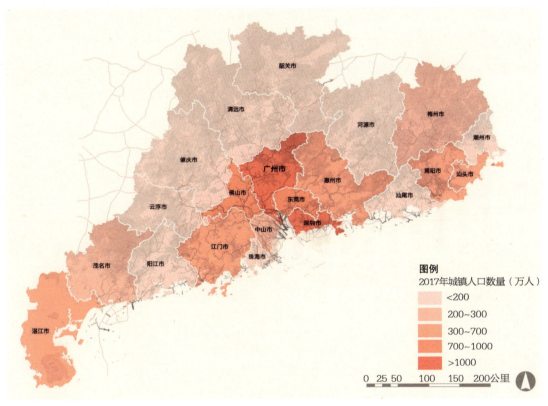

图2-127 2017年广东省21地市城镇人口分布图
（数据来源：广东省统计局）

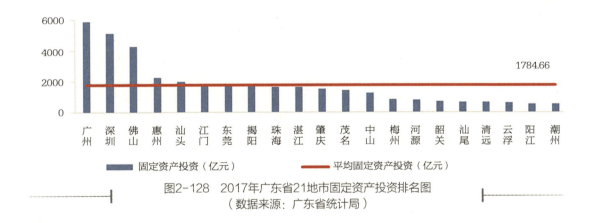

图2-128 2017年广东省21地市固定资产投资排名图
（数据来源：广东省统计局）

2.5.4 就业人员

2017年，广东省就业人员总数达到6340.79万人。深圳市和广州市就业人员数量最大，分别达943.29万人和862.33万人；其次为东莞市、佛山市、湛江市，就业人员数量均超过全省平均水平（301.94万人）；其余地市就业人员数量低于全省平均水平。

全省第一、二、三产业就业人员数量分别为1359.12万人、2541.82万人和2439.85万人。湛江市、茂名市、肇庆市、梅州市、清远市、韶关市、河源市、云浮市、阳江市、汕尾市第一产业就业人员占比最高；东莞市、佛山市、惠州市、揭阳市、江门市、汕头市、中山市就业人员结构以第二产业为主；深圳市和广州市第三产业就业人员占比最高。

图2-129　2017年广东省21地市三次产业就业人员结构排名图
（数据来源：广东省统计局）

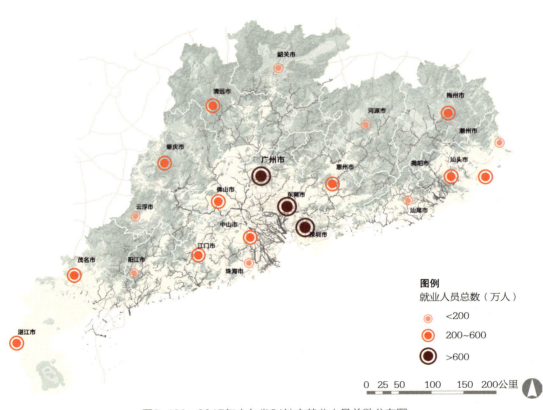

图2-130　2017年广东省21地市就业人员总数分布图
（数据来源：广东省统计局）

第三章
广东省交通运输发展

3.1 广东省公路运输总览

3.1.1 各类公路汇总分布

（1）公路里程全国排位

2016年，广东省的公路里程达到了21.81万公里，位居全国第七位，和位于全国第一位的四川省相比，四川省的公路里程达到了32.41万公里，广东省的公路里程为四川省的67.29%。我们节选其中的三年来看，在2006年、2011年和2016年三年中，广东省公路里程分别为17.84万公里、19.07万公里和21.81万公里。这十年间，广东省公路里程在全国的排位趋于平稳并稍有下降，2006年在全国各省中的排名是第五，2007年全国排位是第六，此后的7年，广东省公路里程全国排位均为第七。

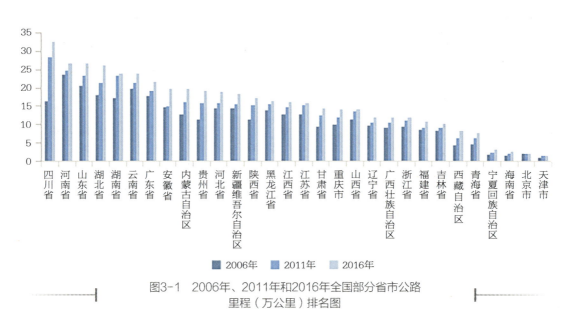

图3-1 2006年、2011年和2016年全国部分省市公路里程（万公里）排名图

（2）公路里程全国占比

从2006年到2016年的十年间，广东省公路里程一直在缓慢增加，十年内增长了3.97万公里，增加了22.25%。但从全国的占比上来看，2006年全国占比为5.16%，从

2006年到2012年全国占比下降至4.60%，2013年和2014年上升至4.75%，之后一直到2016年，广东省公路里程全国占比持续下降至4.64%，但总的来说，2009年以后，广东省的公路里程在全国的占比趋于平稳并在缓慢地下降。

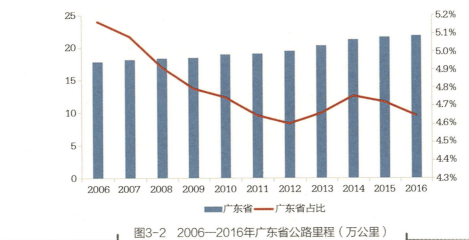

图3-2　2006—2016年广东省公路里程（万公里）及广东省公路里程的全国占比排名图

（3）广东省各市通车里程

2016年，清远市的公路通车里程达到了24803公里，位居广东省第一，广州市公路通车里程为9335公里，稍低于2016年广东省市平均公路里程10385.1公里。可以看出，中山、深圳和珠海的通车里程较低，在2016年分别为2631公里、1638公里和1462公里。

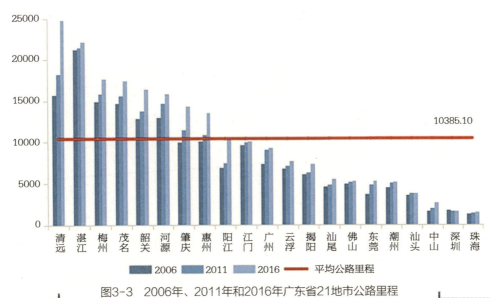

图3-3　2006年、2011年和2016年广东省21地市公路里程（公里）及2016年广东省市平均公路里程（公里）排名图

2006—2011 年期间，肇庆市的公路通车里程最大，达到 4377 公里，2011—2016 年期间，清远市的公路通车里程最大，为 6565 公里。广州市在 2006—2011 年和 2011—2016 年间公路通车里程增量分别为 1991 公里和 283 公里。深圳市在 2006—2011 年和 2011—2016 年间公路通车里程增量分别为 −51 公里和 20 公里，是在 2006—2011 年期间全省唯一一个公路里程有过缩减的地区。按 2006—2016 期间总增长率来看，中山市最高，达到 112.86%，深圳市则最低，为 18.37%。

图3-4 2006—2011年广东省21地市公路里程增量（公里）、2011—2016年广东省各市公路里程增量（公里）及2006—2016年广东省各市公路里程总增长率排名图

（4）广东省各经济区域通车里程

2006—2016 年间，珠三角地区公路通车里程一直为四个经济区域中最大的，2016 年通车里程达到 89943 公里，相对通车里程最小的粤北地区多出 51387 公里。另外，从 2006 年、2011 年、和 2016 年三年可以看出，四个区域的公路通车里程均有增加，且公路通车里程总量排位不变。

3.1.2 公路运输服务特征

（1）公路旅客周转量

广东省的公路旅客周转量从 2007—2016 年已经连续十年位于全国第一位。但从总量来看，广东省 2007 年公路旅客周转量为 1410.72 亿人/公里，2016 年为 1079.8 亿

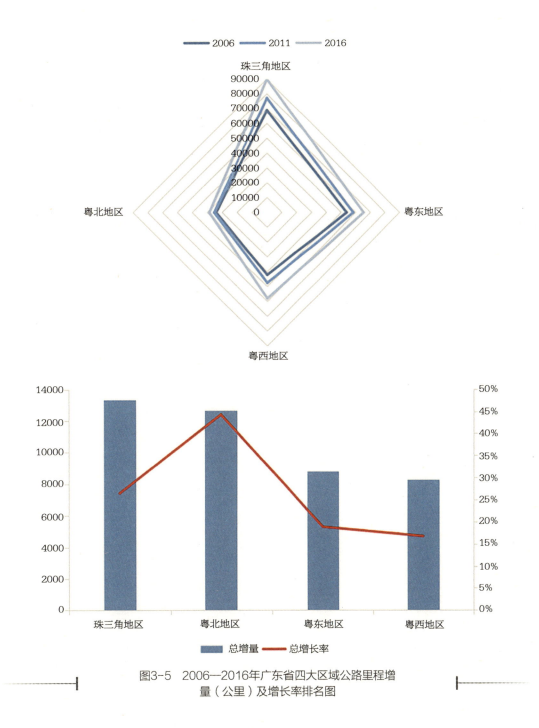

图3-5 2006—2016年广东省四大区域公路里程增量（公里）及增长率排名图

人/公里，总量有所下降。十年内平均增长率为76.54%，低于全国平均水平90.62%。2016年占全国份额11.8%，2007年占全国份额14.0%，2007—2016年稳定在10%~15%之间。

图3-6 2006年、2016年全国部分省市公路旅客周转量及2007—2016年公路旅客周转量平均增长率排名图

（2）各市旅客周转量

2016年，广东省21个地级市旅客周转总量为3842.58亿人/公里，与2007年的2626.71亿人/公里相比，增长超过了1.4倍。其中广州的旅客周转总量10年内遥遥领先于其他各市。21个地级市除深圳、佛山、韶关、湛江、潮州、云浮外有15个地级市16年旅客周转量与2007年相比有所下降。10年内增速最快的地级市为潮州，为158.82%，其次为深圳、韶关、湛江，分别为142.07%、108.39%、141.33%，且全省

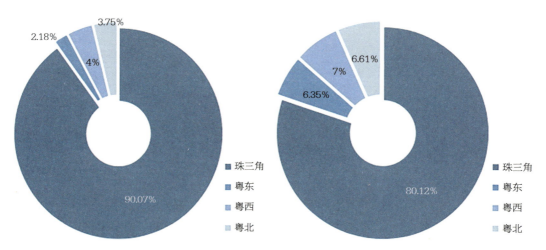

图3-7 2016年广东省四大区域旅客周转量比例图　　图3-8 2007年广东省四大区域旅客周转量比例图

21个地级市只有潮州市超过了十年全省平均增长率146.29%。无归属地区旅客周转量份额占比最大，2016年已经超过了一半，占全省旅客周转总量71.6%。

按区域来看，珠三角地区的旅客周转量一直以来均占全省绝大份额，2016年为90%，2007年为80%，十年间份额比例上升了10%，而东翼、西翼、山区所占份额均下降了3%~4%。

（3）客运量

2016年广东省全省总客运量为144262万人，2007年为206504万人，十年内总量下降了近一半。21个地级市中，除韶关、河源、惠州、江门、湛江、茂名、潮州、云浮外，其他地级市十年内的客运量均有所下降。其中东莞、中山减少幅度最大，两市2016年客运量不到2007年的1/5，分别为13.11%、14.73%。广东省无归属地区的客运量占全省份额较大，2016年达到了27.4%，份额占比超过了其他21个地级市。

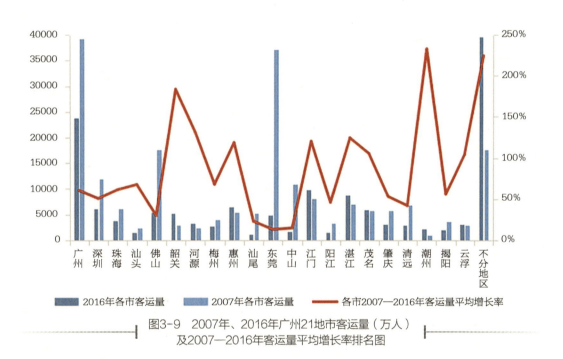

图3-9　2007年、2016年广州21地市客运量（万人）及2007—2016年客运量平均增长率排名图

（4）货运量

2016年广东省公路货运量为272826万吨，在全国各省排名第一位；2007年为112611万吨，仅次于山东省，位于全国第二位。2007—2016年广东省增速为242.27%，将近2.5倍，超过全国平均增速203.81%。十年间广东省公路货运量占全国份额稳定在6%左右。

3.2 广东省高速等级公路发展

3.2.1 高速公路发展特征

2016年，广东省的高速公路里程达到了0.77万公里，位居全国首位，相较于排位第二的河北省和四川省，高速公路里程多出0.12万公里。我们节选其中的三年来看，在2006年、2011年和2016年三年中，广东省高速公路里程分别为0.33万公里、0.50万公里和0.77万公里，在全国各省中的排名是第三、第二、和第一名。值得一提的是，从2014年开始，广东省的高速公路里程一直位于全国首位。

2006年至2016年十年间，广东省的高速公路里程增加了0.44万公里，总增长率为133%，里程增加总量位居全国第五，高于全国高速公路里程平均增长水平0.286万公里。与增长里程最多的四川省相比，相差0.03万公里。广东省十年间高速公路里程增长速率较低，原因在于2006年，广东省高速公路里程便达到了0.33万公里，在全国各省（自治区、直辖市）中保持一定的优先优势。

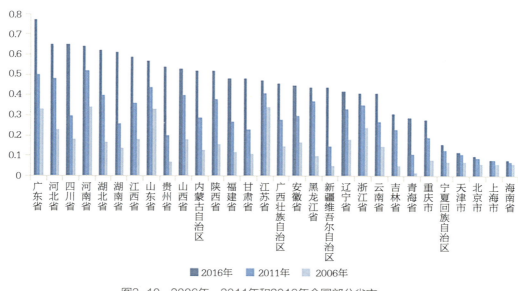

图3-10 2006年、2011年和2016年全国部分省市高速等级公路里程（万公里）排名图

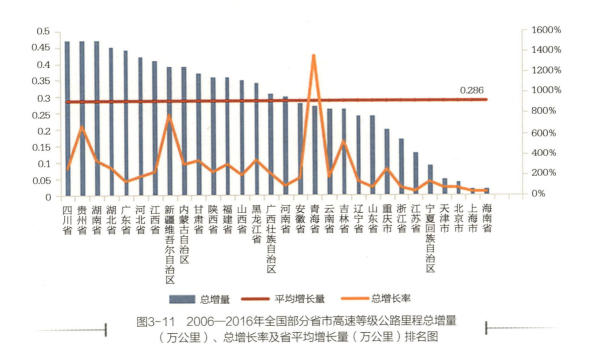

图3-11 2006—2016年全国部分省市高速等级公路里程总增量（万公里）、总增长率及省平均增长量（万公里）排名图

(1) 高速公路里程全国占比

从2006年到2016年共十年间，广东省高速公路里程一直在增加，十年内增长了0.44万公里，翻了一倍之多。但从全国的占比上来看，2006年全国占比为7.30%，从2006年到2009年全国占比缓慢下降至6.14%，2010年有一个较为明显的上升，为6.44%，之后一直到2013年，广东省高速公路里程全国占比仍然持续下降至5.47%，2013年以后，全国占比有着缓慢地回升，到2016年为止，全国占比达到了5.88%。

图3-12 2006—2016年广东省高速等级公路里程（万公里）及全国占比排名图

（2）高速公路单位里程GDP

广东省高速公路单位里程GDP在2007年位居全国第四位，为9.08亿元/公里；2016年以10.50亿元/公里排名全国第七，与位居首位的上海和第二的北京分别相差24.72亿元和15.16亿元/公里。2007—2016年十年来，广东省的高速公路单位里程GDP增加总量为1.42亿元，低于增加总量最多的上海12.98亿元。

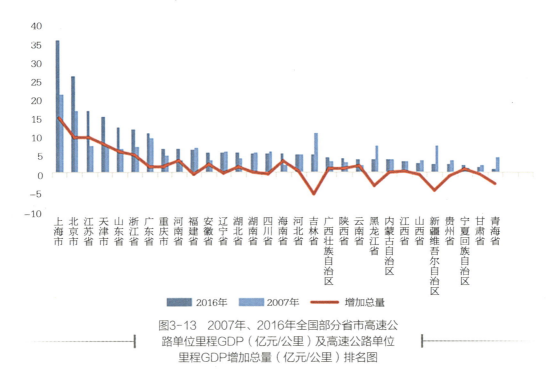

图3-13　2007年、2016年全国部分省市高速公路单位里程GDP（亿元/公里）及高速公路单位里程GDP增加总量（亿元/公里）排名图

（3）高速公路单位里程人口

广东省高速公路单位里程人口在2007年位居全国第十一位，为2.76万人/公里；2016年以1.43万人/公里排名全国第六，排名的上升说明广东省的人口增长速度大于高速公路的增长速度。2007—2016年十年来，广东省的高速公路单位里程人口减少总量为1.33万人，与减少总量最多的吉林省相差3.25万人/公里。

分地区来看，珠三角地区高速公路优势仍较明显，占有全省超过50%的高速公路里程。2010—2016年，其高速里程由2671.16公里增长到4113.59公里，增长率为9%。第二位为粤北地区，由1109.54公里增长到2217.19公里，但其增长率高于珠三角地区，为16.64%。粤西及粤东地区与珠三角地区差距依然较大，2016年分别为702.63公里及649.34公里，仅占全省高速公路里程的9.15%和8.45%，且其增速也均落后于粤北地区及珠三角地区，分别为8.56%及6.15%。

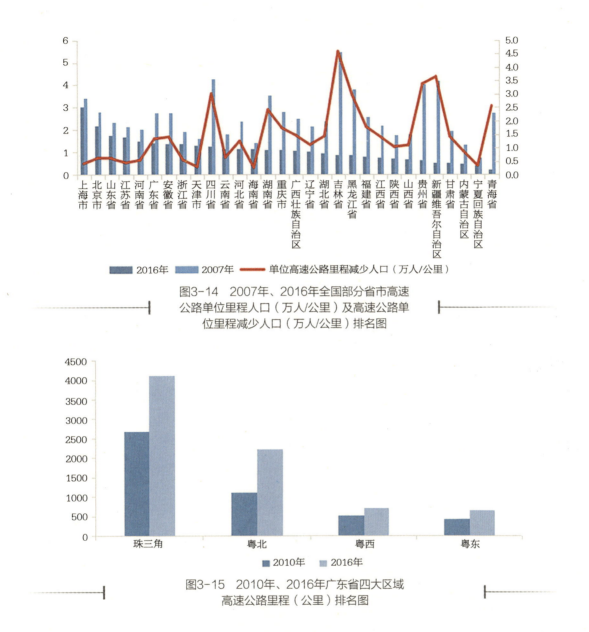

图3-14 2007年、2016年全国部分省市高速公路单位里程人口（万人/公里）及高速公路单位里程减少人口（万人/公里）排名图

图3-15 2010年、2016年广东省四大区域高速公路里程（公里）排名图

2010年，广州市高速公路里程居首位，为576.16公里，占全省的11.91%，首位度为1.40；而2016年其为959.55公里（12.49%），首位度为1.48，首位度提升即这一阶段广东省高速公路更加集中于首位城市，同时广州市里程占比也略有提升。珠三角的城市普遍位于前列，两个年份最低的均为潮州市，分别为51.35公里（1.06%）和64.95公里（0.85%），广州市里程分别为其11.22倍及14.8倍。

2010年与2016年广东省地级市高速公路里程位序除广州市均居首位外，其余城市均发生变化。2010年，广州、佛山、惠州、江门、深圳市位于前五位；2016年，广州、惠州、清远、佛山、韶关市为前五位，江门和深圳跌出前五，而清远及韶关分别从第六、七位上升至前五。惠州市由第三位上升至第二位，而佛山市由第二位下降至第四位。各市增长率基本为正，但湛江市为负。茂名市增长率最高，为29.09%。茂名、云浮、肇庆三市增长率超过20%。而广州市由于高速公路里程已经最高，其增长率为11.09%，位于中等水平。

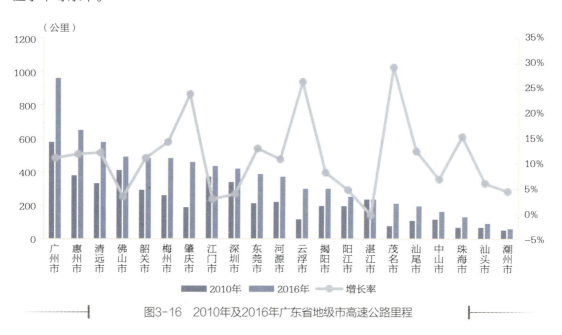

图3-16　2010年及2016年广东省地级市高速公路里程

3.2.2　道路网空间特征

（1）各市市域范围内高速、国道、省道、县道里程统计情况

2017年广东省高速公路总里程达到10905.41公里，其中，广州、佛山和清远位居前三，分别为1375.27公里、821.67公里和810.09公里，潮州市高速公路里程最短，为104.39公里。2017年国道及省道里程位居全省第一的均为清远市，分别为1086.48公里和1377.11公里，珠海市国道里程最短，为74.15公里，中山市省道里程最短，全长为159.24公里。2017年县道里程排名第一的为梅州市，全长为1991.14公里，中山市以183.50公里县道长度位居最后。从公路总里程上比较，清远以5038.10公里位居第一，占比广东省公路总里程9.75%，广州市、深圳市分别排名为第五和第十七，占比分别为6.98%和2.42%。

广东省四个经济片区中，高速公路、国道、省道、县道里程排名具有完全的一致性，按降序均为粤北、珠三角、粤西和粤东。其中，粤北片区高速公路、国道、省道、县道里程分别为3180.62公里、3938.59公里、5334.16公里和7563.05公里，公路总里程占比广东省38.75%。珠江三角洲、粤西及粤东地区公路总里程占比为37.68%、14.47%和9.10%。

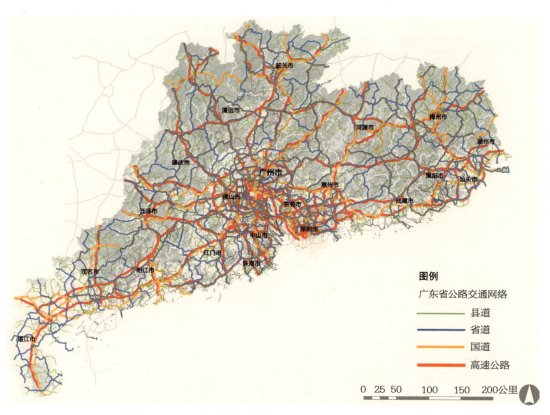

图3-17　2017年广东省高速、国道、省道、县道路网分布图
（数据来源：广东省交通运输规划研究中心、大数据中心）

2017年广东省21地市市域高速、国道、省道、县道里程统计表（公里）　　表3-1

城市	高速公路	国道	省道	县道	合计
清远	810.09	1086.48	1377.12	1764.41	5038.10
梅州	748.51	808.19	1267.11	1991.36	4815.18
韶关	636.78	933.37	1244.43	1879.03	4693.62
肇庆	546.06	627.94	1049.72	1450.07	3673.79
广州	1375.27	509.61	877.87	841.49	3604.24
河源	634.81	785.18	868.15	1037.07	3325.21
惠州	806.98	549.15	709.68	921.55	2987.36
茂名	412.81	499.62	793.59	1240.35	2946.37
江门	567.53	418.71	932.20	680.09	2598.53
湛江	377.74	382.56	846.55	952.58	2559.44
佛山	821.67	337.83	617.07	661.89	2438.46
云浮	350.43	325.37	577.36	891.18	2144.33
阳江	413.34	427.18	370.90	759.63	1971.05

续表

城市	高速公路	国道	省道	县道	合计
揭阳	368.36	327.28	415.45	580.00	1691.09
东莞	540.60	162.25	307.52	380.96	1391.33
汕尾	211.34	325.16	255.31	470.75	1262.55
深圳	630.92	116.83	248.40	254.98	1251.14
汕头	145.14	194.34	304.73	241.22	885.44
潮州	104.39	136.09	264.24	358.75	863.47
珠海	173.91	74.15	221.70	371.16	840.91
中山	228.72	108.34	159.24	183.50	679.79

（数据来源：广东省交通运输规划研究中心、大数据中心）

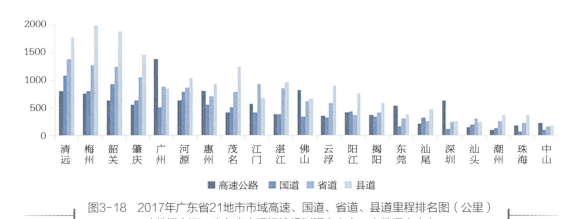

图3-18　2017年广东省21地市市域高速、国道、省道、县道里程排名图（公里）
（数据来源：广东省交通运输规划研究中心、大数据中心）

2017年广东省四大区域市域高速、国道、省道、县道里程统计表（公里）　　表3-2

地区	高速公路	国道	省道	县道	合计
粤北	3180.63	3938.59	5334.17	7563.05	20016.44
珠三角	5691.65	2904.80	5123.41	5745.69	19465.55
粤西	1203.90	1309.35	2011.04	2952.56	7476.86
粤东	829.23	982.86	1239.74	1650.72	4702.55

（数据来源：广东省交通运输规划研究中心、大数据中心）

（2）现状城镇建成区内里程统计情况

2017年广东省建成区高速公路总里程达到800.45公里，其中，深圳、广州和佛山位居前三，分别为226.13公里、212.39公里和94.35公里，云浮市建成区高速公路里程最短，为0.70公里。2017年建成区内国道、省道及县道里程位居全省第一的均为广州市，分别为191.65公里、240.31公里和184.31公里。珠海市建成区国道里程最短，

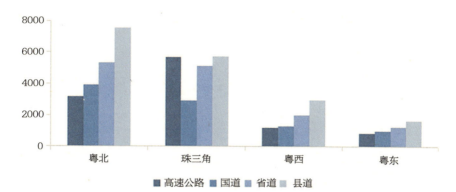

图3-19 2017年广东省各地区高速、国道、省道、县道
里程排名图（单位：公里）
（数据来源：广东省交通运输规划研究中心、大数据中心）

2017年广东省各地级市现状城镇建成区内高速、国道、
省道、县道里程统计表（单位：公里）　　　　　　　表3-3

城市	高速公路	国道	省道	县道	总计
广州	212.3908	191.6451	240.3106	184.3139	828.6605
深圳	226.1344	99.75121	148.1632	152.396	626.4448
佛山	94.35359	96.48542	238.4495	176.5583	605.8469
东莞	87.60104	109.0043	207.4544	179.7034	583.7632
惠州	41.02753	135.883	134.9516	90.31295	402.1751
揭阳	3.956578	96.98695	140.9077	78.21862	320.0698
江门	16.73833	73.00322	145.2829	48.03797	283.0624
肇庆	6.422413	90.00731	102.121	56.307	254.8577
梅州	13.28995	85.31336	90.16242	63.54065	252.3064
珠海	28.98531	35.71369	94.13199	89.39212	248.2231
汕头	11.31077	88.73609	69.87451	72.52298	242.4443
茂名	1.546406	72.72931	104.5345	62.11153	240.9217
湛江	1.411923	54.1035	95.8182	69.84008	221.1737
中山	19.77094	51.60652	81.04607	67.94483	220.3684
清远	8.599257	72.56892	73.24079	43.36316	197.7721
潮州	7.036244	40.4992	74.0498	68.89466	190.4799
韶关	0.735126	61.69304	67.7566	46.81274	176.9975
阳江	7.067573	67.82562	37.18304	62.28998	174.3662
河源	7.765247	73.52786	47.81603	41.52556	170.6347
汕尾	3.60719	59.28059	51.33682	47.20748	161.4321
云浮	0.701868	40.70597	46.5344	52.75012	140.6924

（数据来源：广东省交通运输规划研究中心、大数据中心）

图3-20 2017年广东省21地市现状城镇建设范围内公路里程排名图(公里)

为35.71公里;阳江市建成区省道里程最短,全长为37.18公里;河源市建成区县道里程最短,长度为41.53公里。从建成区公路总里程上比较,位居前三的市为广州市、深圳市和佛山市,占比广东省公路总里程分别为12.67%、9.57%和9.26%。

广东省四个经济片区中,珠三角建成区高速公路、国道、省道、县道里程排名均为第一,里程分别为733.42公里、883.10公里、1391.91公里和1044.97公里,公路总里程占比广东省61.95%。粤西建成区高速公路、国道、省道、县道里程排名均为第四。粤北、粤东及粤西地区建成区公路总里程占比为14.34%、13.98%和9.73%。

2017年广东省21地市现状城镇建成区内高速、国道、省道、县道里程统计表(公里)　　表3-4

城市	高速公路	国道	省道	县道	合计
广州	212.39	191.65	240.31	184.31	828.66
深圳	226.13	99.75	148.16	152.40	626.44
佛山	94.35	96.49	238.45	176.56	605.85
东莞	87.60	109.00	207.45	179.70	583.76
惠州	41.03	135.88	134.95	90.31	402.18
揭阳	3.96	96.99	140.91	78.22	320.07
江门	16.74	73.00	145.28	48.04	283.06
肇庆	6.42	90.01	102.12	56.31	254.86
梅州	13.29	85.31	90.16	63.54	252.31
珠海	28.99	35.71	94.13	89.39	248.22
汕头	11.31	88.74	69.87	72.52	242.44

续表

城市	高速公路	国道	省道	县道	合计
茂名	1.55	72.73	104.53	62.11	240.92
湛江	1.41	54.10	95.82	69.84	221.17
中山	19.77	51.61	81.05	67.94	220.37
清远	8.60	72.57	73.24	43.36	197.77
潮州	7.04	40.50	74.05	68.89	190.48
韶关	0.74	61.69	67.76	46.81	177.00
阳江	7.07	67.83	37.18	62.29	174.37
河源	7.77	73.53	47.82	41.53	170.63
汕尾	3.61	59.28	51.34	47.21	161.43
云浮	0.70	40.71	46.53	52.75	140.69

（数据来源：广东省交通运输规划研究中心、大数据中心）

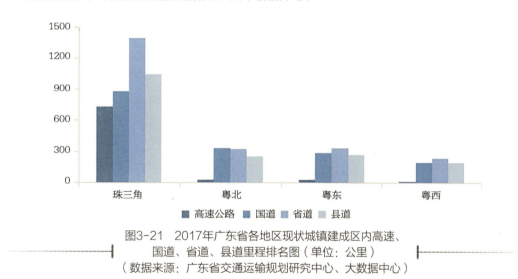

图3-21　2017年广东省各地区现状城镇建成区内高速、国道、省道、县道里程排名图（单位：公里）
（数据来源：广东省交通运输规划研究中心、大数据中心）

（3）开发边界内高速、国道、省道、县道里程统计情况

2017年广东省开发边界内高速公路总里程达到2382.16公里，其中，广州、深圳和佛山位居前三，分别为664.73公里、357.84公里和255.79公里，茂名市开发边界内高速公路里程最短，为4.97公里。2017年开发边界内国道、省道及县道里程位居全省第一的均为广州市，分别为305.30公里、454.82公里、356.63公里。珠海市开发边界内国道里程最短，为52.06公里；阳江市开发边界内省道里程最短，全长为52.24公里；汕尾市开发边界内县道里程最短，长度为79.50公里。从开发边界内公路总里程上比较，位居前三的市为广州市、佛山市和东莞市，占比广东省公路总里程分别为14.45%、8.81%和7.58%。

2017年广东省各地级市高速、国道、省道、县道里程统计表（单位：公里） 表3-5

城市	高速公路	国道	省道	县道	总计
广州	664.7256	305.303	454.8166	356.6306	1781.476
佛山	255.7896	162.3812	366.0726	302.1158	1086.359
东莞	249.1987	136.3807	259.2576	289.2638	934.1007
深圳	357.8445	104.4122	172.0591	182.2814	816.5972
惠州	104.7931	232.0744	222.3533	178.159	737.3797
肇庆	79.0554	174.7761	213.312	204.4322	671.5757
江门	119.9205	146.8594	268.9929	109.8615	645.6343
清远	76.61065	185.9535	217.4947	108.4451	588.5039
揭阳	55.47376	126.8448	191.6507	141.7072	515.6764
梅州	56.13755	139.9876	166.1658	147.3348	509.6258
汕头	58.86968	128.7816	139.7989	123.8544	451.3046
韶关	23.51513	140.7447	140.5489	143.9222	448.7308
珠海	61.096	52.0643	139.8055	157.9838	410.9497
茂名	4.968644	118.3265	180.3706	104.9074	408.5731
湛江	11.16941	95.15287	172.5286	114.1687	393.0195
河源	70.19895	134.6697	89.86385	86.09107	380.8236
中山	49.95641	70.89608	102.5223	96.51656	319.8914
潮州	24.85079	56.45291	113.3785	119.5756	314.2578
阳江	34.26689	113.7417	52.24072	109.4656	309.7149
汕尾	16.84586	116.8388	96.20626	79.50042	309.3914
云浮	6.874546	77.80625	86.00804	125.7715	296.4603

（数据来源：广东省交通运输规划研究中心、大数据中心）

图3-22　2017年广东省21地市城镇开发边界内公路里程（公里）排名图

广东省四个经济片区中，珠三角开发边界内高速公路、国道、省道、县道里程排名均为第一，里程分别为1942.38公里、1385.15公里、2199.19公里和1877.24公里，公路总里程占比广东省60.05%。粤西开发边界内高速公路、国道、省道、县道里程排名均为第四。粤北、粤东及粤西地区开发边界内公路总里程占比为18.04%、12.90%和9.01%。

2017年广东省各地区高速、国道、省道、县道里程统计表（单位：公里）　　表3-6

片区	高速公路	国道	省道	县道	总数
珠三角	1942.38	1385.147	2199.192	1877.245	7403.964
粤北	233.3368	679.1618	700.0813	611.5646	2224.145
粤东	156.0401	428.9182	541.0343	464.6375	1590.63
粤西	50.40494	327.2211	405.14	328.5417	1111.308

（数据来源：广东省交通运输规划研究中心、大数据中心）

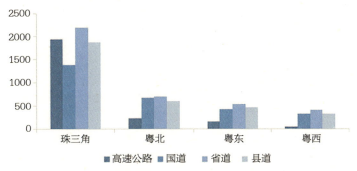

图3-23　2017年广东省各地区高速、国道、省道、县道里程排名图（单位：公里）
（数据来源：广东省交通运输规划研究中心、大数据中心）

（4）市域范围内高速、国道、省道、县道密度统计情况

2017年广东省公路平均密度为3446.90公里/万平方公里，位于平均密度以上的有佛山、深圳、东莞、珠海、广州、汕头、中山7个市，其余市公路密度在平均值以下。其中，佛山、深圳、东莞位居前三，密度分别为6420.85公里/万平方公里、6264.13公里/万平方公里和5655.82公里/万平方公里，湛江市公路密度最小，为1930.05公里/万平方公里。深圳高速公路密度以3158.85公里/万平方公里排名全省第一。2017年国道、省道密度最大的市是佛山市，密度为889.56公里/万平方公里、1624.84公里/万平方公里；国道、省道密度最小的市为湛江和阳江，为228.49公里/万平方公里和466.20公里/万平方公里；县道密度最大和最小的市为珠海和河源，为2142.54公里/万平方公里和662.50公里/万平方公里。

2017年广东省各地级市高速、国道、省道、县道密度统计表
（单位：公里/万平方公里） 表3-7

城市	高速公路	国道	省道	县道	总密度
佛山	2163.593	889.5606	1624.844	1742.861	6420.858
深圳	3158.855	584.9292	1243.703	1276.646	6264.133
东莞	2197.562	659.5391	1250.1	1548.626	5655.827
珠海	1003.894	428.0411	1279.759	2142.545	4854.239
广州	1849.869	685.4691	1180.827	1131.89	4848.055
汕头	660.0253	883.7573	1385.787	1096.975	4026.545
中山	1282.083	607.2797	892.5765	1028.564	3810.503
揭阳	702.978	624.5749	792.8527	1106.864	3227.27
梅州	473.1738	510.901	801.0075	1258.841	3043.923
云浮	450.1291	417.9414	741.6273	1144.739	2754.437
潮州	331.828	432.5726	839.9266	1140.324	2744.652
江门	597.0541	440.4976	980.7061	715.4772	2733.735
清远	425.5578	570.752	723.4277	926.8788	2646.616
惠州	711.2459	484.0031	625.4909	812.2205	2632.96
汕尾	434.4047	668.3642	524.777	967.6157	2595.162
茂名	361.1995	437.1469	694.3608	1085.269	2577.976
韶关	345.8437	506.924	675.8612	1020.519	2549.148
阳江	519.5438	536.9293	466.2009	954.7963	2477.47
肇庆	366.7047	421.6893	704.9379	973.7872	2467.119
河源	405.5255	501.5812	554.5881	662.4962	2124.191
湛江	284.8504	288.4874	638.3776	718.3342	1930.05

（数据来源：广东省交通运输规划研究中心、大数据中心）

图3-24 2017年广东省21地市公路密度
（公里/万平方公里）排名图

广东省四个经济片区中,只有珠三角公路密度在均值以上。其中,珠三角高速公路和省道密度最大,为1035.82公里/万平方公里和932.41公里/万平方公里;粤东片区国道和省道密度最大,为636.16公里/万平方公里、1068.42公里/万平方公里;粤西地区各类型公路密度均为最低。

2017年广东省各地区高速、国道、省道、县道密度统计表
(单位:公里/万平方公里) 表3-8

片区	高速公路	国道	省道	县道	总数
珠三角	1035.822	528.6433	932.4083	1045.656	3542.529
粤东	536.719	636.1567	802.4167	1068.422	3043.715
粤北	414.6487	513.4629	695.3999	985.9724	2609.484
粤西	368.7749	401.0776	616.0168	904.4207	2290.29

(数据来源:广东省交通运输规划研究中心、大数据中心)

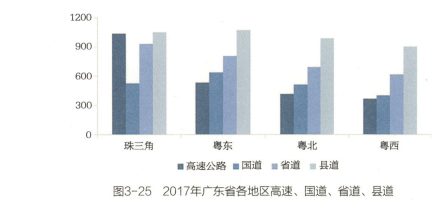

图3-25 2017年广东省各地区高速、国道、省道、县道密度排名图(单位:公里/万平方公里)
(数据来源:广东省交通运输规划研究中心、大数据中心)

(5)现状城镇建成区内密度统计情况

2017年广东省建成区公路平均密度为13239.65公里/万平方公里,位于平均密度以上的有河源、清远、韶关、梅州、汕尾、云浮、揭阳、肇庆、茂名9个地级市。其中,河源、清远、韶关位居前三,密度分别为19130.43公里/万平方公里、17860.17公里/万平方公里、17591.34公里/万平方公里;中山市建成区公路密度最小,为7602.01公里/万平方公里;广州市建成区公路密度以10419.80公里/万平方公里位居第十六。建成区内高速公路密度最大的三个地级市为深圳、广州、佛山,最小的是韶关。建成区内国道、省道和县道密度最大市为河源、揭阳和云浮,密度最小的均为深圳。

2017年广东省各地级市高速、国道、省道、县道密度统计表
（单位：公里/万平方公里） 表3-9

城市	高速公路	国道	省道	县道	总密度
河源	870.588	8243.456	5360.816	4655.57	19130.43
清远	776.5716	6553.469	6614.144	3915.989	17860.17
韶关	73.06229	6131.516	6734.158	4652.601	17591.34
梅州	911.9862	5854.395	6187.148	4360.302	17313.83
汕尾	373.9525	6145.537	5322.017	4893.934	16735.44
云浮	83.35489	4834.302	5526.495	6264.682	16708.83
揭阳	194.3757	4764.7	6922.403	3842.664	15724.14
肇庆	379.7555	5322.107	6038.384	3329.417	15069.66
茂名	96.42355	4534.914	6518.073	3872.86	15022.27
江门	772.3821	3368.698	6704.009	2216.689	13061.78
珠海	1403.16	1728.876	4556.867	4327.414	12016.32
湛江	76.31994	2924.505	5179.347	3775.129	11955.30
惠州	1205.771	3993.508	3966.135	2654.236	11819.65
阳江	473.6124	4545.132	2491.711	4174.178	11684.63
潮州	404.9845	2331.009	4262.078	3965.364	10963.44
广州	2670.659	2409.798	3021.731	2317.613	10419.80
佛山	1618.017	1654.575	4089.038	3027.7	10389.33
汕头	484.0551	3797.545	2990.346	3103.69	10375.64
深圳	3118.943	1375.811	2043.531	2101.91	8640.20
东莞	1192.762	1484.186	2824.666	2446.813	7948.43
中山	682.0346	1780.261	2795.832	2343.881	7602.01

（数据来源：广东省交通运输规划研究中心、大数据中心）

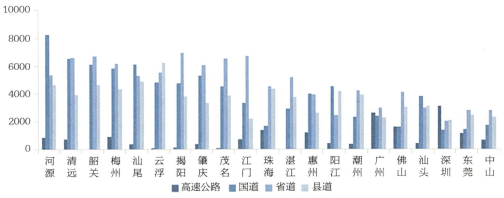

图3-26 2017年广东省各地级市高速、国道、省道、县道密度排名图（单位：公里/万平方公里）
（数据来源：广东省交通运输规划研究中心、大数据中心）

广东省四个经济片区中，只有粤北建成区内公路密度在均值以上，粤东和粤西片区建成区内公路密度与均值差值较小，珠三角则低于均值。其中，珠三角建成区内高速公路密度最大，为1806.27公里/万平方公里；粤北片区建成区内国道、省道和县道密度均为最大，分别是6292.67公里/万平方公里、6136.23公里/万平方公里和4674.93公里/万平方公里。

2017年广东省各地区高速、国道、省道、县道密度统计表
（单位：公里/万平方公里）　　　　　　　　　　　　　　　表3-10

片区	高速公路	国道	省道	县道	总数
粤北	586.108	6292.67	6136.226	4674.926	17689.93
粤东	366.2703	4035.819	4752.024	3772.057	12926.17
粤西	202.7057	3935.643	4802.545	3927.216	12868.11
珠三角	1806.27	2174.889	3427.985	2573.533	9982.677

（数据来源：广东省交通运输规划研究中心、大数据中心）

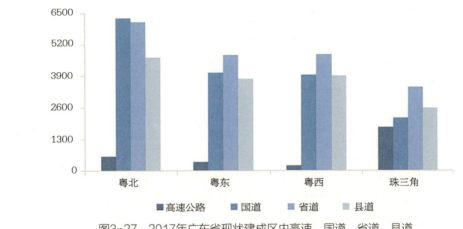

图3-27　2017年广东省现状建成区内高速、国道、省道、县道
密度排名图（单位：公里/万平方公里）
（数据来源：广东省交通运输规划研究中心、大数据中心）

（6）开发边界内高速、国道、省道、县道密度统计情况

2017年广东省开发边界内公路平均密度为8466.56公里/万平方公里，位于平均密度以上的有梅州、汕尾、韶关、清远、云浮、河源、佛山、揭阳8个地级市。其中，梅州、汕头、韶关位居前三，密度分别为10909.67公里/万平方公里、10578.64公里/万平方公里、10530.70公里/万平方公里；湛江市开发边界内公路密度最小，为5927.45公里/万平方公里；广州市开发边界内公路密度以8326.74公里/万平方公里位居第十。开发边

界内高速公路密度最大的三个地级市为深圳、广州、佛山，最小的是茂名。开发边界内国道密度最大和最小的市为汕尾和珠海，省道密度最大和最小的均为清远和阳江，县道密度最大和最小的为云浮和江门。

2017年广东省各地级市高速、国道、省道、县道密度统计表
（单位：公里/万平方公里）　　　　　表3-11

城市	高速公路	国道	省道	县道	总密度
梅州	1201.749	2996.746	3557.148	3154.029	10909.67
汕尾	575.9901	3994.928	3289.464	2718.261	10578.64
韶关	551.8468	3302.958	3298.364	3377.527	10530.70
清远	1346.749	3268.901	3823.369	1906.37	10345.39
云浮	237.9563	2693.194	2977.092	4353.468	10261.71
河源	1877.34	3601.491	2403.241	2302.345	10184.42
佛山	2303.642	1462.406	3296.851	2720.856	9783.76
揭阳	913.8803	2089.654	3157.272	2334.498	8495.30
茂名	101.6674	2421.173	3690.709	2146.595	8360.14
广州	3106.973	1427.007	2125.844	1666.916	8326.74
江门	1534.586	1879.315	3442.221	1405.864	8261.99
肇庆	968.2848	2140.689	2612.684	2503.922	8225.58
深圳	3486.211	1017.21	1676.243	1775.831	7955.49
潮州	616.1235	1399.632	2810.984	2964.627	7791.37
汕头	1004.126	2196.598	2384.517	2112.556	7697.80
惠州	1056.431	2339.569	2241.569	1796.041	7433.61
阳江	770.3668	2557.07	1174.443	2460.937	6962.82
珠海	1032.395	879.7782	2362.423	2669.598	6944.19
东莞	1805.807	988.2764	1878.698	2096.137	6768.92
中山	945.1314	1341.291	1939.632	1826.008	6052.06
湛江	168.455	1435.078	2602.045	1721.871	5927.45

（数据来源：广东省交通运输规划研究中心、大数据中心）

广东省四个经济片区中，粤北片区开发边界内公路密度在均值以上，粤东片区和均值差值较小，珠三角和粤西片区公路密度则低于均值。其中，珠三角开发边界内高速公路密度最大，为2073.76公里/万平方公里。粤北片区开发边界内国道、省道和县道密度最大，为3196.16公里/万平方公里、3294.60公里/万平方公里和2878.04公里/万平方公里。

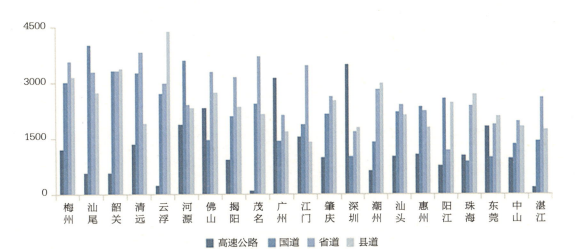

图3-28 2017年广东省各地级市高速、国道、省道、
县道密度排名图（单位：公里/万平方公里）
（数据来源：广东省交通运输规划研究中心、大数据中心）

2017年广东省各地区高速、国道、省道、县道密度统计表
（单位：公里/万平方公里） 表3-12

片区	高速公路	国道	省道	县道	总数
粤北	1098.09	3196.16	3294.60	2878.04	10466.89
粤东	826.00	2270.49	2863.98	2459.57	8420.042
珠三角	2073.76	1478.83	2347.94	2004.21	7904.742
粤西	315.71	2049.51	2537.55	2057.79	6960.559

（数据来源：广东省交通运输规划研究中心、大数据中心）

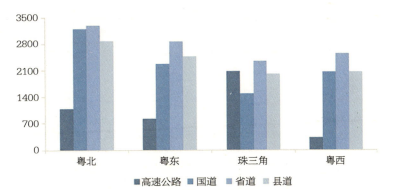

图3-29 2017年广东省开发边界内高速、国道、省道、
县道密度排名图（单位：公里/万平方公里）
（数据来源：广东省交通运输规划研究中心、大数据中心）

3.3 广东省铁路发展

3.3.1 高铁空间特征

（1）全国排名

①铁路旅客周转量

广东省的铁路旅客周转量在2007—2016年在全国属于较靠前地位。2007年388.76亿人/公里，2016年为797.3亿人/公里，增长超过2倍，10年内平均增长率为205.09%，超过全国平均水平174.32%。其中2007年占全国份额5.39%，2016年占全国份额6.34%，2007—2016年十年间全国份额占比基本上徘徊在5%~6%左右。

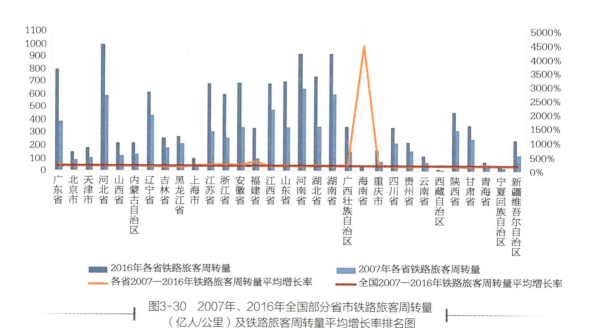

图3-30　2007年、2016年全国部分省市铁路旅客周转量（亿人/公里）及铁路旅客周转量平均增长率排名图

②铁路货运量

2016年广东省铁路货运量为8380万吨，2007年为7778万吨，分别位于全国第十一位和第十四位，在全国各省排名中处于中等偏上。2007—2016年增速较缓，仅

图3-31 2007年、2016年全国部分省市铁路货运量（万吨）及铁路货运量平均增长率排名图

为107.74%，与全国平均增长率106.44%基本持平。2016年全省货运总量占全国份额2.52%，2007年占全国2.48%，十年间份额占比维持在2%~2.5%之间。

③省域密度及人口密度

截至2014年，广东省的运营里程为4026.98公里，按省域密度来算，广东省区域面积为18万平方公里，铁路密度为223.7公里/万平方公里。铁路密度分级一般，居全国第十四位；

按省域人口来算，广东省常住人口11169万人，铁路密度为37公里/百万人。铁路密度分级很低，居全国第二十九位。

广东省2015年的铁路客运量达到2.3亿人次，是我国目前唯一一个铁路客运量突破2亿人次大关的省份。

（2）高速铁路网里程及密度、铁路网里程及密度

截至2017年，广东省铁路运营里程达到4257公里，铁路网密度为236.5公里/万平方公里。其中高铁里程达到1540公里。高速铁路网密度为85.5公里/万平方公里。

（3）单位人口里程、单位GDP里程

2017年广东常住人口11169万人，GDP达87000亿元。

铁路网单位人口里程为38公里/百万人，单位GDP里程为4.9公里/百亿元。

高速铁路网单位人口里程为13.8公里/百万人，单位GDP里程为1.77公里/百亿元。

(4) 高铁网络变化

广东省省内现有四条高速铁路，四条省内城际铁路，且仍有四条铁路在规划中。

截至目前，广东省 21 个地级市已经有 16 个市开通了高速铁路，湛江、茂名、阳江、梅州、河源五市还未开通。2018 年 1 月 26 日，省发改委主任何宁卡透露，2020 年全省 21 个地级以上市将全部通达高速铁路。

四条高速铁路：广深港客运专线、厦深线、贵广客专线、南广线。

省内四条城际铁路：广深城际铁路、莞惠城际线、广肇城际线、广珠城际线。

目前在规划中的四条铁路：深茂铁路、梅汕客专线、赣深客专、广汕高速客专。

省内四条城际铁路

除了上面 4 条高铁的站点图广东还有四条城际铁路：分别是广深、莞惠、广肇、广珠。

广深港客运专线

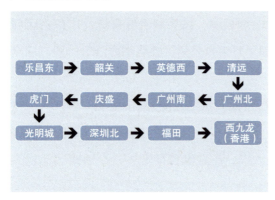

厦深线

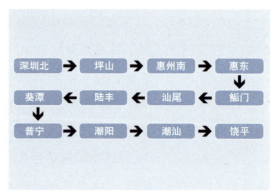

贵广客专线

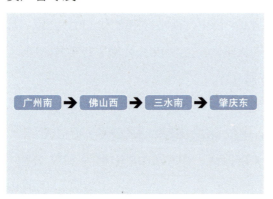

南广线

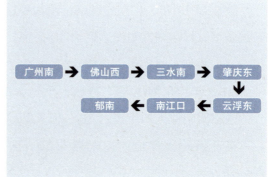

广深城际铁路

从广州到东莞仅需 22 分钟,到深圳需 66 分钟。

莞惠城际线

2018 年 1 月 4 日,国资委网站发布一则消息称,莞惠城际是全球首条时速 200 公里自动驾驶城际铁路。

莞惠城际铁路全线通车后,东莞到惠州的行车时间将压缩至 30 分钟左右。

广深城际铁路

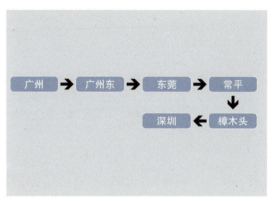

莞惠城际线

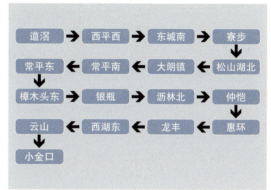

广肇城际线

途经广州、肇庆、佛山三地。从广州站至肇庆站用时约 65 分钟。

广珠城际线

经过佛山、中山、江门、珠海四个市,从广州到珠海 1 小时左右,从广州到江门,只需要 50 分钟。

广肇城际线

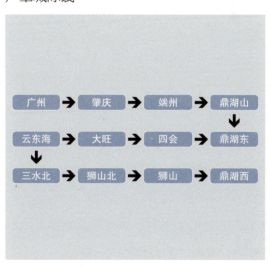

广珠城际线

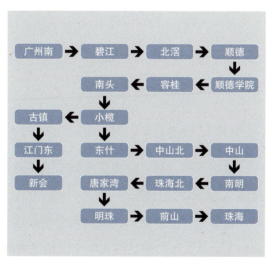

深茂铁路

江门至茂名段预计 2018 年 6 月完工。通车后，广州与茂名之间的铁路运行时间将缩短至 2.5 小时左右，深圳至茂名将至 3 小时以内。

梅汕客专线

2019 年通车，7 个站。

深茂高铁（深圳 – 江门）

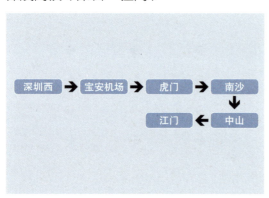

梅汕客专线

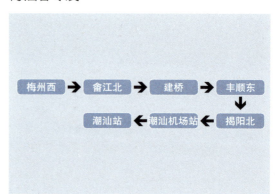

赣深客专

2020 年赣深客专建成通车。河源站通车后，深圳到河源将由现在的 2 小时压缩到 40 分钟。

赣深客专

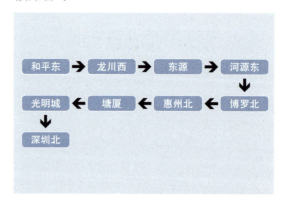

广汕高速客专

联络广州、惠州、汕尾三座城市的高速铁路，是厦深铁路和京广铁路的一条支线路段，预计 2021 年完工通车。

建成后广州至惠州、汕尾将分别缩短至约 0.5 小时和 1 小时。并在汕尾站接入汕汕高铁至汕头，在广州站接入广茂铁路组成汕茂铁路，成为广东省高铁的一横。

3.3.2 铁路运输服务特征

（1）铁路交通班次

①广东省省内铁路交通网络图

广东省省内铁路交通发展不均衡。珠三角地区路网最为密集、各个站点之间联系较为紧密；而粤东西北则路网稀疏，仍有相当大的一块区域未通高铁。一些设有高铁站点的地方来回班列频次也很少。龙门河站、泔溪站、二龙站、苍坪站、八角台站这些站点并未设置与省内其他地方相连通的班列。粤东西北部铁路路网建设亟待发展。

②广东省省外铁路交通

自广东发出的客运列车目的地基本可以覆盖全国。广东省的对外铁路交通仍存在很大的区域差异性。对外联系枢纽集中在珠三角地区，而除珠三角地区的粤东西北地区则较为薄弱。

③高铁交通班次

广东省内高铁受出省线路影响较大，位于京广线上的列车班次较为频繁。广州南站和深圳北站为广东省的高铁交通中心。珠三角地区的高铁建设较好，而粤北、粤西、粤

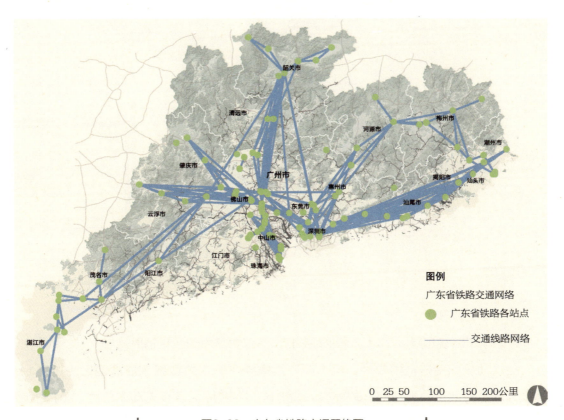

图3-32　广东省铁路交通网络图

东的高铁建设有待加强。

④城际交通班次

广东省的城际铁路交通集中在珠三角一带,即广州、深圳、佛山、中山、东莞、珠海、肇庆、江门、惠州九市。汕尾市也有分布。位于珠三角的城市经济较为发达,城市之间的资金和人员流动速度较快,因此城际交通较为发达。

珠三角地区中以广州、佛山、东莞、中山、深圳为中心,城际交通联系较为紧密,而位于外围的江门、肇庆、惠州则较弱。

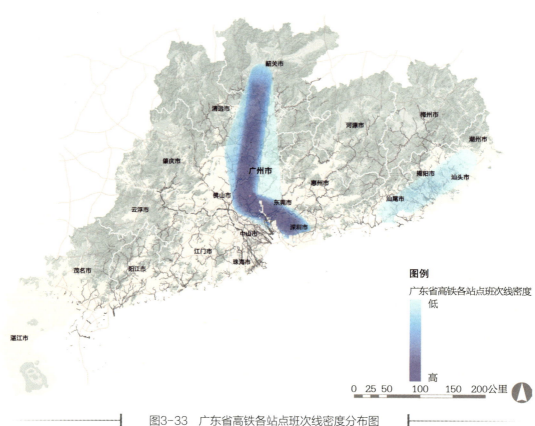

图3-33 广东省高铁各站点班次线密度分布图

⑤动车交通班次

广东动车路线布局以广州、深圳为中心,沿东西向周围两省辐射。

高铁动车的覆盖范围较大,但主要还是集中在珠三角及粤东靠海地区。在粤北、粤东等非沿海地区较为薄弱。较粤东、北地区,粤西地区几乎无动车班次,亟待加强建设。

图3-34　广东省城际各站点班次线密度分布图

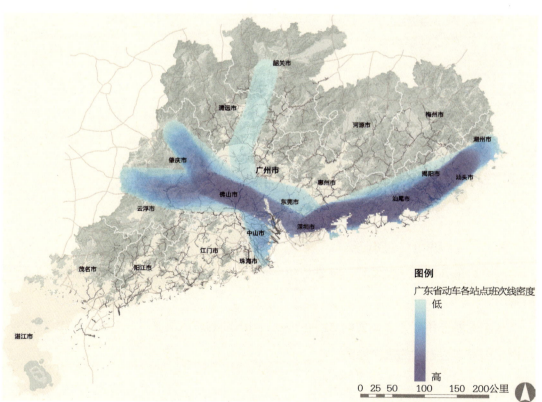

图3-35　广东省动车各站点班次线密度分布图

⑥ TKZ 交通班次

普速列车火车（以 TKZ 开头）在四种交通方式中覆盖广东省地域最广。在珠三角、粤东、粤西、粤北地区均有一定数量的分布。呈现出很明显的以广州为中心，向外主要以四线辐射的态势。

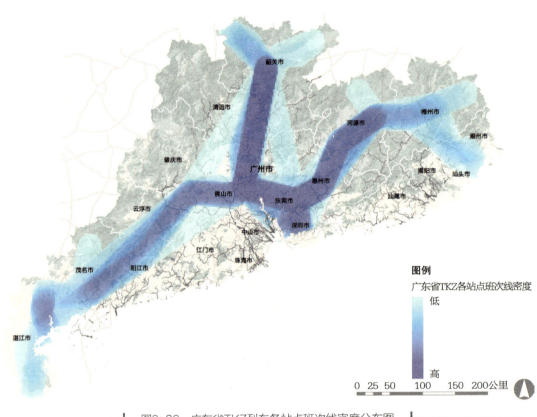

图3-36　广东省TKZ列车各站点班次线密度分布图

3.3.3　高铁可达性网络

研究广东高铁可达性发现，从站点角度看，广州南站与南宁站、贵阳站的联系强度最紧密。

从出发城市角度上看，省内 21 地市从广州出发的班次最多。从到达城市角度上看，从郴州出发到达省内的班次最多。

图3-37 广东与全国各高铁站可达性图

3.4 广东省航空发展

3.4.1 航空网络空间特征

（1）全国排名

①连通性

与全国机场相比较，广州和深圳机场整体连通性分别为第二及第七位，且主要表现在境内－境内的中转能力较强，但境内－国际/地区及国际/地区－境内的中转能力相比较第一梯队较弱。

国内机场连通性排名　　　　表3-13

Top30	机场	境内-境内	境内-国际/地区	国际/地区-境内	整体连通性
1	北京首都	727	292	275	777
2	广州白云	538	230	180	567
3	上海浦东	288	233	273	509
4	上海虹桥	487	280	40	500
7	深圳宝安	391	145	41	383

（来源：飞常准大数据）

②机场运力

千万级机场：

2017年广州机场运力增速略高于北京、上海。

深圳机场运力居第六位，但其国际出港运力增速居第二位，为34.4%。

200万级机场：

湛江机场为9座旅客吞吐量突破200万机场之一。

珠海机场出港运力增速较快，居第二位；揭阳机场增速位于中等水平。

③广东省各机场运力分析

2017年广东省主要机场运力　　　　　表3-14

机场	实际出港航班量（万班次）	实际出港运力（万座）	出港运力同比增速	出港直飞航线数	新开出港直飞航线数	起飞平均延误时长（分钟）
广州	22.14	3684.14	8.52%	188	9	42
深圳	15.51	2617.13	7.88%	152	32	46
珠海	3.48	543.49	44.52%	55	20	56
揭阳	1.90	283.76	22.16%	49	14	39
湛江	1.03	133.99	32.42%	29	4	33
惠州	0.44	64.58	70.31%	19	8	32

（注：未统计梅州机场；来源：飞常准）

④实际出港航班量及准点率

千万级机场：

2017年广州机场实际出港航班量居第三位，但航班准点率高于北京和上海约10%。

深圳机场航班量第七位，准点率高于广州。

200万级机场：

揭阳机场实际出港航班量接近200万次，高于湛江机场，但准点率较其略低。

（2）机场的分布

广东省共有七个机场，其中四个位于珠三角地区。

广东省机场分布表　　　　　表3-15

机场	城市
白云国际机场	广州
宝安国际机场	深圳
金湾机场	珠海
梅县机场	梅州
湛江机场	湛江
平潭机场	惠州
潮汕机场	揭阳

3.4.2 航空运输服务特征

（1）国内航线网络

位于广州的白云国际机场和位于深圳的宝安国际机场为广东省航空交通枢纽中心。广东省航线数量排名前十的有五条终点站为白云国际机场，另外五条为宝安国际机场。七个机场航线数量为：白云国际机场 > 宝安国际机场 > 金湾机场 > 潮汕机场 > 湛江机场 > 平潭机场 > 梅县机场。

广东省航线数量前十位航线   表3-16

排序	始发城市	终点城市	航线数量
1	上海	深圳	105
2	重庆	深圳	77
3	上海	广州	70
4	北京	广州	60
5	成都	广州	60
6	北京	深圳	60
7	成都	深圳	55
8	重庆	广州	53
9	杭州	深圳	50
10	南京	广州	42

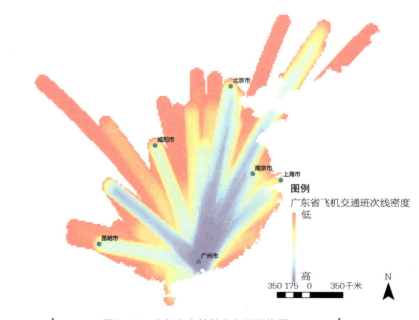

图3-38 广东省内外航空交通网络图

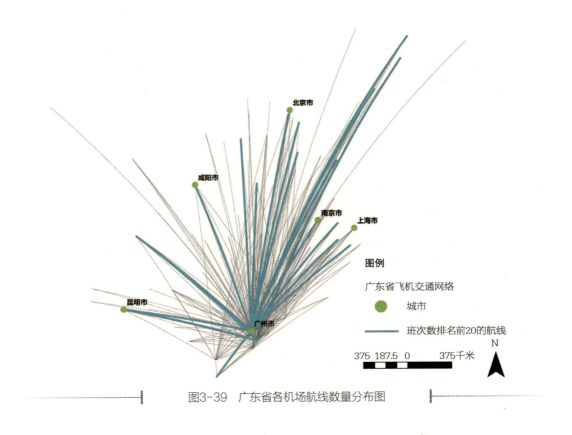

图3-39　广东省各机场航线数量分布图

通过计算七天的航线班次数量，排名前20条航线基本上均为远距离航线，将广东省与华北、西南、东北、东部地区联系在一起。

广东省内各城市的航空往来较少，七天约有232趟，其中由白云国际机场发出的班次最多。从到达城市角度上看，广东飞往成都、北京、昆明的班次最多。从航线数量上看，"广州－成都"航线的飞机班次最多。

图3-40　广东航线联系城市与班次频次图

大湾区重点机场国际航线信息　　　　　　　　　　　　　　　　表3-17

城市	国际航线
广州	菲律宾、柬埔寨、老挝、马来西亚、缅甸、泰国、新加坡、印度尼西亚、越南、韩国、日本、阿联酋、阿塞拜疆、卡塔尔、沙特阿拉伯、伊拉克、伊朗、约旦、巴基斯坦、马尔代夫、孟加拉国、尼泊尔、斯里兰卡、印度、德国、俄罗斯、法国、芬兰、荷兰、土耳其、意大利、英国、澳大利亚、新西兰、埃及、埃塞俄比亚、肯尼亚、毛里求斯、加拿大、美国
深圳	马来西亚、印度尼西亚、新加坡、老挝、越南、缅甸、泰国、德国、意大利、俄罗斯、阿联酋、美国、澳大利亚、新西兰、日本、韩国
香港	新加坡、泰国、越南、马来西亚、印度尼西亚、菲律宾、缅甸、柬埔寨、文莱、蒙古、日本、韩国、印度、孟加拉国、斯里兰卡、尼泊尔、马尔代夫、阿联酋、土耳其、以色列、卡塔尔、巴林、英国、法国、德国、瑞士、奥地利、荷兰、芬兰、比利时、西班牙、意大利、俄罗斯、瑞典、美国、加拿大、北马里亚纳群岛联邦、澳大利亚、新西兰、斐济、南非、埃塞俄比亚、委内瑞拉
澳门	印度尼西亚、泰国、越南、菲律宾、柬埔寨、马来西亚、新加坡、韩国、日本、俄罗斯

（2）新开航线

2017年全国机场（不含港澳台）出港直飞航线6654条，其中广东省最多，为511条（7.68%）。

千万级机场：

深圳宝安机场新开出港直飞航线最多，为32条；其中新开国际/地区航线同样最多，为22条。

深圳国际/地区出港直飞航线44条，可达18个国家/地区。

200万级机场：

珠海金湾机场新开航线20条，居第二位，但国际市场有待开发。

揭阳机场在国际国内市场均占有一席之地。

湛江机场新开航线较少。

第四章
广东空间品质发展
04

4.1 生态环境空间品质特征

4.1.1 城市空气质量

4.1.1.1 区域空气质量

根据国家环境保护部发布的《环境空气质量标准》GB3095—2012，AQI 指数为 0~50 时，空气质量为"优"，AQI 为 51~100 时，空气质量"良"，AQI 达 101 及以上为不同程度的污染。以此标准评价广东省各地区空气质量，选取 2014—2017 年各市空气质量指数 AQI 为考察指标，可见粤西地区的空气质量平均优秀天数比例达 60.9%，在各地区中最高；粤东地区的平均优良天数比例最高（污染平均天数比例最低），达 95.5%；珠三角的平均污染天数比例达 6.7%，为各地区中最高。

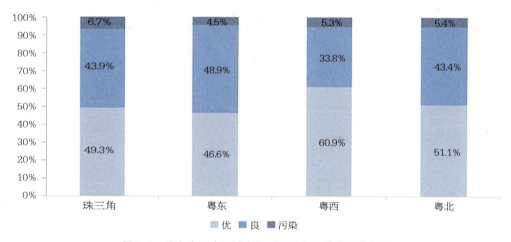

图4-1　广东省四大区域空气质量平均天数比例排名图
（数据来源：中国气象局）

4.1.1.2 各地市空气质量

考察具体城市的空气质量水平，平均优质天数比例最高的城市为粤西的湛江和茂名，而优良天数比例最高的城市分别是汕尾、惠州、深圳、梅州；污染天数比例最高的城市分别是肇庆、江门、佛山等三个珠三角西翼城市。

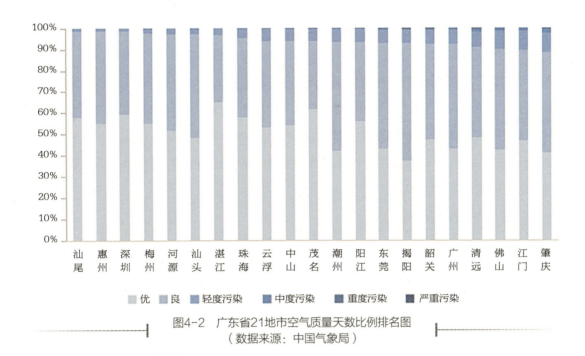

图4-2 广东省21地市空气质量天数比例排名图
（数据来源：中国气象局）

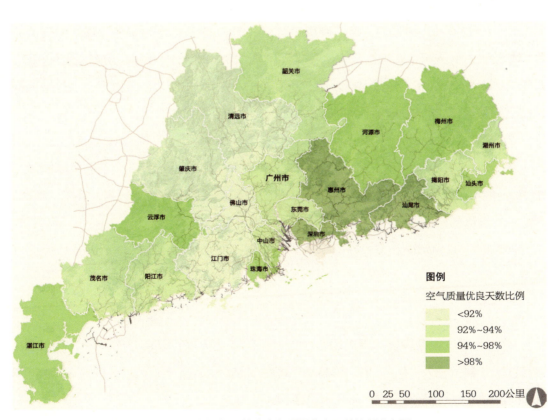

图4-3 广东省21地市空气质量优良天数比例分布图
（数据来源：中国气象局）

4.1.2 广东省绿化覆盖空间特征

为评价广东省绿化覆盖的数量和质量，本书运用遥感影像分类和定量化反演的方法，分别计算绿化覆盖面积和绿化覆盖区域归一化植被指数（NDVI）两个指标；利用分区统计和数学方法对 2010 年、2017 年广东省 21 地市市域和城镇开发边界内的绿化覆盖面积及绿化覆盖区域 NDVI 的时空特征进行深入分析。评价结果能够使广东省各地市在发展经济的同时充分认识到自身在绿化建设中的成就与不足，为更科学合理进行城市规划、建设和管理提供数据支持。

4.1.2.1 绿化覆盖面积

（1）分析方法

①监督分类

为识别 2010 年和 2017 年广东省绿化覆盖面积，本书主要运用遥感影像分类的方法。

对 2010 年绿化覆盖面积的识别，选取现有的 2010 年全球 30 米地表覆盖产品（GlobeLand30），提取林地、草地、灌木 3 类地物。GlobeLand30 产品基于 Landsat TM-5、ETM+ 多光谱遥感影像，利用 DEM、NDVI 等产品作为参考，通过像元法分类、对象化过滤、人机交互检核获取地表覆盖分类结果。对 2017 年绿化覆盖面积的识别，基于 Landsat OLI-8 多光谱遥感影像，利用 DEM、NDVI 作为参考数据，通过最大似然法进行监督分类，从分类结果中提取林地、草地、灌木 3 类地物。

②面积与变化幅度

基于 ArcGIS 分区统计工具，分别按照行政区和城镇开发边界 2 个空间范围统计广东省 21 地市市域和城镇开发边界内的绿化覆盖面积，计算全省及珠三角、粤东、粤西、粤北绿化覆盖面积。

为反映市域和城镇开发边界内绿化覆盖面积的变化情况，按照如下公式计算变化幅度：

$$V_a = \frac{A_{2017} - A_{2010}}{A_{2010}} \times 100\%$$

V_a 为市域或城镇开发边界内绿化覆盖面积的变化幅度，以百分比表示；$V_a>0$ 时，值越大增长幅度越大；$V_a<0$ 时，值越小下降幅度越大。A_{2010} 和 A_{2017} 分别为 2010 年和 2017 年市域或城镇开发边界内绿化覆盖面积。

③比重

按照公式，分别计算 21 地市市域绿化覆盖面积占行政区面积比重和城镇开发边界内绿化覆盖面积占城镇开发边界内总面积的比重，即市域绿化覆盖面积占比和城镇开发边界内绿化覆盖面积占比。

$$R_a = \frac{A_{green}}{A_{area}} \times 100\%$$

R_a 为市域绿化覆盖面积占比或城镇开发边界内绿化覆盖面积占比，以百分比表示；A_{green} 为市域绿化覆盖面积或城镇开发边界内绿化覆盖面积；A_{area} 为行政区总面积或城镇开发边界内总面积。

此外，分别计算 2010 年和 2017 年广东省 21 地市城镇开发边界内绿化覆盖面积占市域绿化覆盖面积的比重。

（2）全省绿化覆盖面积

通过遥感识别发现，2010 年和 2017 年广东省绿化覆盖面积分别达到了 1145.11 万公顷和 1152.52 万公顷；相较 2010 年，2017 年全省绿化覆盖面积增加约 7.4 万公顷。

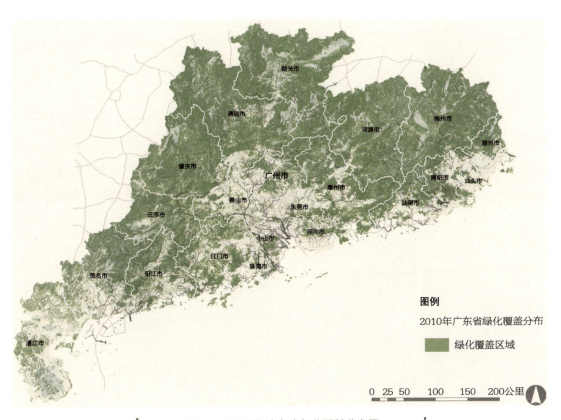

图4-4　2010年广东省绿化覆盖分布图

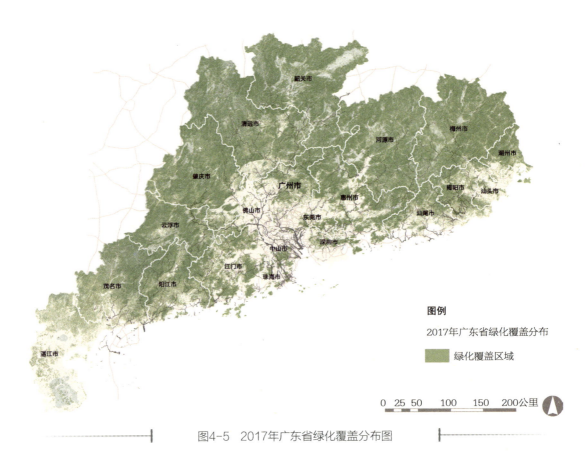

图4-5 2017年广东省绿化覆盖分布图

（3）绿化覆盖面积的区域分布

对比珠三角、粤东、粤西、粤北四大区域绿化覆盖面积占全省绿化覆盖总面积的比重可以得出：2010年，粤北绿化覆盖面积占全省绿化覆盖总面积的比重最大，达52.47%；其次为珠三角和粤西，比重分别为26.56%和14.22%；粤东绿化覆盖面积占全省绿化覆盖总面积的比重较小，为6.75%。2017年，粤北绿化覆盖面积占全省绿化覆

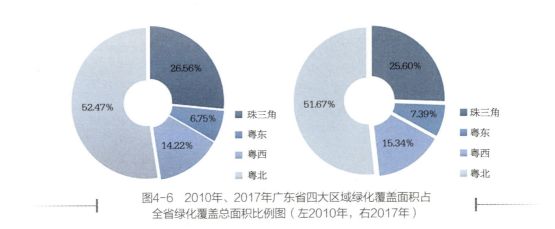

图4-6 2010年、2017年广东省四大区域绿化覆盖面积占全省绿化覆盖总面积比例图（左2010年，右2017年）

盖总面积的比重最大，达 51.67%；珠三角和粤西次之，分别为 25.60% 和 15.34%；粤东绿化覆盖面积仅占全省绿化覆盖总面积的 7.39%。相较 2010 年，2017 年粤东和粤西绿化覆盖面积的占全省绿化覆盖总面积的比重增加 1%；粤北和珠三角下降 1%。

（4）市域绿化覆盖面积

①市域绿化覆盖面积

对广东省 21 地市市域绿化覆盖面积的分析可以看出：2010 年，清远市、韶关市市域绿化覆盖面积最大，分别达到 144.83 万公顷和 143.40 万公顷；其次为梅州市、河源市、肇庆市，市域绿化覆盖面积超过 100 万公顷；汕头市、珠海市、中山市市域绿化覆盖面积较小，在 4.4~5.5 万公顷之间。2017 年，清远市、韶关市市域绿化覆盖面积最大，分别为 139.62 万公顷和 139.21 万公顷；梅州市、河源市、肇庆市次之，市域绿化覆盖面积在 100~132 万公顷之间；汕头市、东莞市、珠海市、中山市市域绿化覆盖面积在 3.68~6.84 万公顷之间。

图4-7　2010年、2017年广东省21地市市域绿化覆盖面积排名图

相较 2010 年，2017 年汕头市市域绿化覆盖面积的增长幅度最大，达 24.54%；其次为潮州市、揭阳市、阳江市、茂名市，增长幅度在 13%~17% 之间；广州市、珠海市、云浮市、梅州市、深圳市增长幅度低于 13%。其余地市市域绿化覆盖面积呈下降趋势，惠州市、清远市、河源市、韶关市、汕尾市、江门市、肇庆市多数市域绿化覆盖面积的下降幅度不超过 6%；佛山市、湛江市、东莞市下降幅度在 12%~15% 之间；中山市市域绿化覆盖面积的下降幅度约为 17.61%。

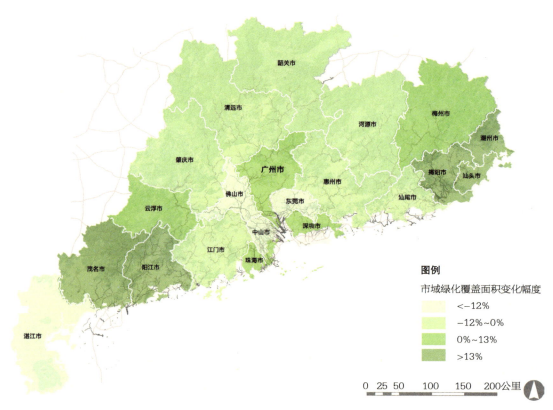

图4-8 2010—2017年广东省21地市市域绿化覆盖面积变化幅度分布图

② 市域绿化覆盖面积占比

2010年,河源市市域绿化覆盖面积占行政区面积的比重最大,达81.61%;其次为梅州市、肇庆市、韶关市、清远市、云浮市,市域绿化覆盖面积占比在74%~80%之间;中山市市域绿化覆盖面积占比为25.47%。2017年,梅州市市域绿化覆盖面积占行政区面积的比重最大,达82.88%;肇庆市、河源市、云浮市、韶关市次之,市域绿化覆盖面积占比在75%~80%之间;中山市市域绿化覆盖面积占比较低,为21%。

相较2010年,2017年潮州市、阳江市、茂名市市域绿化覆盖面积占比增加7%以上;惠州市、中山市、佛山市市域绿化覆盖面积占比下降4%~5%;深圳市、肇庆市、江门市、汕尾市市域绿化覆盖面积占比变化较小,不超过1%。

(5)城镇开发边界内绿化覆盖面积

① 城镇开发边界内绿化覆盖面积

对广东省21地市城镇开发边界内绿化覆盖面积的分析可以看出:2010年,广州市城镇开发边界内绿化覆盖面积最大,达4.38万公顷;其次为东莞市、江门市、深圳市、

图4-9 2010年、2017年广东省21地市
市域绿化覆盖面积占比排名图

惠州市，城镇开发边界内绿化覆盖面积超过1.7万公顷；汕尾市、湛江市城镇开发边界内绿化覆盖面积较小，在0.09~0.1万公顷之间。2017年，广州市城镇开发边界内绿化覆盖面积高达3.86万公顷，位居第一；其次为深圳市、东莞市、江门市，城镇开发边界内绿化覆盖面积在1~1.6万公顷之间；汕尾市、湛江市城镇开发边界内绿化覆盖面积分别为0.08万公顷和0.09万公顷。

相较2010年，2017年汕头市、潮州市城镇开发边界内绿化覆盖面积的增长幅度最大，均超过40%；揭阳市、茂名市、梅州市、阳江市城镇开发边界内绿化覆盖面积的增长幅度在22%~40%之间。2017年，佛山市、江门市城镇开发边界内绿化覆盖面积的下降

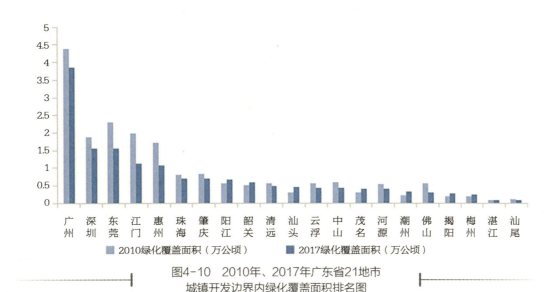

图4-10 2010年、2017年广东省21地市
城镇开发边界内绿化覆盖面积排名图

幅度分别为46.55%和43.63%；惠州市、东莞市下降幅度超过30%；中山市、河源市、云浮市城镇开发边界内绿化覆盖面积的下降幅度在23%~30%之间；其余地市城镇开发边界内绿化覆盖面积的变化幅度低于20%。

②城镇开发边界内绿化覆盖面积占比

总体上，城镇开发边界内绿化覆盖面积占比明显低于市域绿化覆盖面积占比。2010年，云浮市城镇开发边界内绿化覆盖面积占城镇开发边界内总面积的比重最大，达45.93%；其次为河源市、江门市、惠州市，城镇开发边界内绿化覆盖面积占比在27%~33%之间；湛江市、揭阳市、汕头市城镇开发边界内绿化覆盖面积占比较小，在5.6%~7.9%之间。2017年，云浮市城镇开发边界内绿化覆盖面积占比高达34.97%；韶关市、河源市、梅州市、阳江市次之，城镇开发边界内绿化覆盖面积占比在20%~26%之间；佛山市、汕头市、湛江市城镇开发边界内绿化覆盖面积占比在7.71%~9.83%之间。

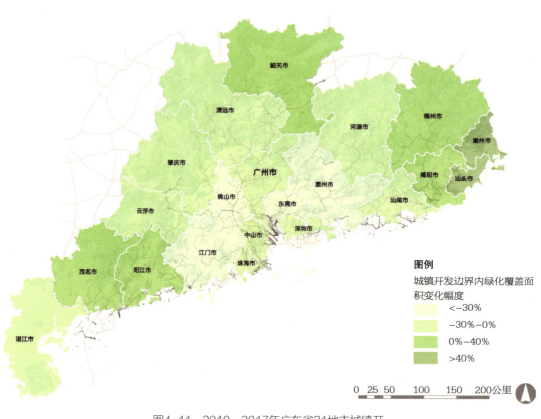

图4-11　2010—2017年广东省21地市城镇开发边界内绿化覆盖面积变化幅度分布图

相较 2010 年，2017 年梅州市、潮州市、茂名市、阳江市城镇开发边界内绿化覆盖面积占比增加 4% 以上；江门市、云浮市、惠州市、河源市、佛山市、中山市、东莞市、清远市城镇开发边界内绿化覆盖面积占比下降 4%~14%；其余地市城镇开发边界内绿化覆盖面积占比变化低于 3.5%。

（6）城镇开发边界内绿化覆盖占市域绿化覆盖比重

2010 年，东莞市、深圳市、珠海市、中山市、广州市城镇开发边界内绿化覆盖面积占市域绿化覆盖面积的比重较大，超过 10%；茂名市、韶关市、清远市、汕尾市、河源市、湛江市、梅州市城镇开发边界内绿化覆盖面积占市域绿化覆盖面积的比重较小，在 0.1%~0.5% 之间。2017 年，东莞市、深圳市、珠海市、广州市、中山市城镇开发边界内绿化覆盖面积占市域绿化覆盖面积 10% 以上；其次为汕头市、佛山市、江门市、惠州市、潮州市、阳江市，城镇开发边界内绿化覆盖面积占市域绿化覆盖面积的比重在 1%~10% 之间；韶关市、清远市、汕尾市、河源市、湛江市、梅州市城镇开发边界内绿化覆盖面积仅占市域绿化覆盖面积的 0.1%~0.5%。

相较 2010 年，2017 年汕尾市、清远市、河源市、湛江市、梅州市、韶关市、阳江市城镇开发边界内绿化覆盖面积占市域绿化覆盖面积的比重变化不超过 0.1%；汕头市、潮州市、揭阳市、茂名市城镇开发边界内绿化覆盖面积占市域绿化覆盖面积的比重增加 0.1%~1%；东莞市城镇开发边界内绿化覆盖面积占市域绿化覆盖面积的比重约

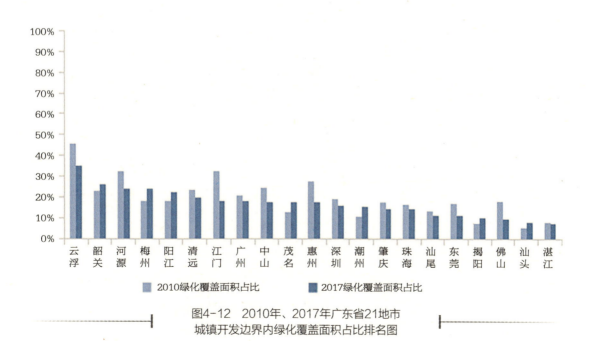

图4-12　2010年、2017年广东省21地市城镇开发边界内绿化覆盖面积占比排名图

下降7.31%,其余地市城镇开发边界内绿化覆盖面积占市域绿化覆盖面积的比重下降不足3%。

4.1.2.2 绿化覆盖质量

（1）分析方法

①定量化反演

为评价2010年和2017年广东省绿化覆盖质量，本书主要基于遥感影像对绿化覆盖区域进行归一化植被指数（NDVI）定量化反演。

植被反射光谱曲线是NDVI反演和应用的基本依据。张学霞（2003）、杨凯（2014）、郭云开（2014）等学者都在植被遥感的研究成果中指出：绿色植物的反射光谱曲线与土壤、水体等地物反射光谱的区别在于，植被反射光谱曲线以反射峰和吸收谷为特征；在可见光范围内主要受叶绿素等植物色素吸收作用的影响，蓝光波段（0.45μm）和红光波段（0.67μm）分别存在一个吸收谷，绿光波段（0.55μm）存在一个小反射峰；在红外波段的反射光谱曲线主要受叶片细胞结构和植物含水量的控制，1.1μm处存在

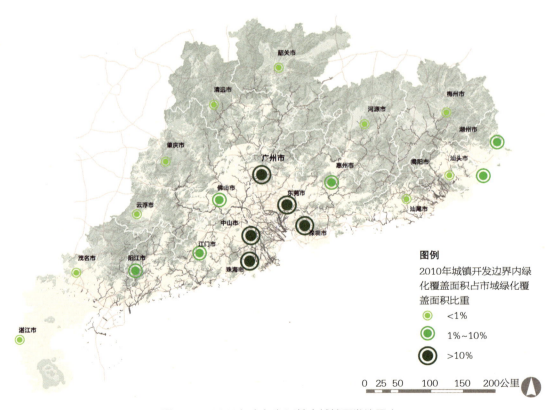

图4-13　2010年广东省21地市城镇开发边界内绿化覆盖面积占市域绿化覆盖面积比重分布图

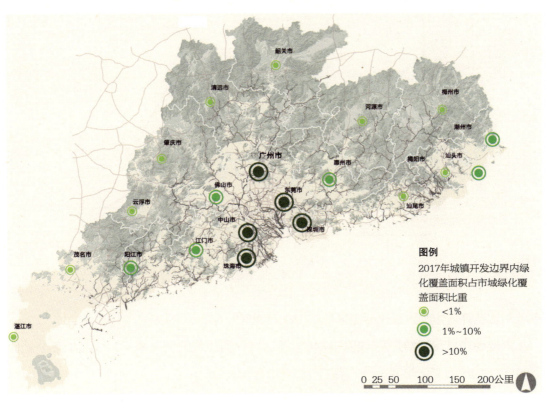

图4-14 2017年广东省21地市城镇开发边界内绿化覆盖面积占市域绿化覆盖面积比重分布图

一个强反射峰，1.45μm、1.95μm和2.7μm处分别存在一个吸收谷。植被反射光谱曲线随植被长势、病虫害等质量情况而变化。

据此，选取多光谱遥感影像中强吸收的可见光波段和高反射的近红外波段2个反射率组合成归一化植被指数（NDVI），该指数对绿化覆盖质量反应敏感，公式如下：

$$NDVI = \frac{NIR-R}{NIR+R}$$

式中，NIR为像元在近红外波段的反射率，R为像元在红光波段的反射率；NDVI为归一化植被指数。NDVI范围在-1~1之间，数值越高，绿化覆盖质量越好。

②质量分级

按照NDVI≤0.5、0.5＜NDVI≤0.6、0.6＜NDVI≤0.7、0.7＜NDVI≤0.8和NDVI＞0.8将广东省绿化覆盖区域分为5个质量等级，分别统计全省及珠三角、粤东、粤西、粤北各质量等级绿化覆盖面积占区域绿化覆盖总面积的比重。

③平均质量与变化幅度

基于ArcGIS分区统计工具，分别按照行政区和城镇开发边界统计广东省21地市

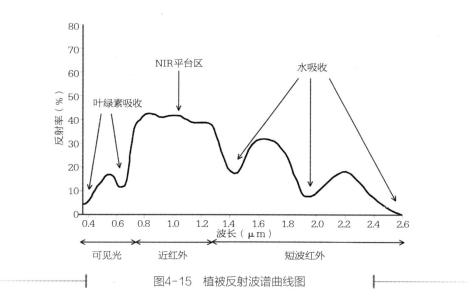

图4-15 植被反射波谱曲线图

市域和城镇开发边界内绿化覆盖区域的 NDVI 均值。

为反映市域和城镇开发边界内绿化覆盖区域平均质量的变化情况，按照如下公式计算 NDVI 均值的变化幅度：

$$V_a = \frac{NDVI_{2017} - NDVI_{2010}}{NDVI_{2010}} \times 100\%$$

V_a 为市域或城镇开发边界内绿化覆盖区域 NDVI 均值的变化幅度，以百分比表示；$V_a>0$ 时，值越大代表增长幅度越大；$V_a<0$ 时，越小代表下降幅度越大。$NDVI_{2010}$ 和 $NDVI_{2017}$ 分别为 2010 年和 2017 年市域或城镇开发边界内绿化覆盖区域的 NDVI 均值。

④空间离散程度

为分析广东省 21 地市市域和城镇开发边界内绿化覆盖质量的空间离散程度，利用 ArcGIS 分区工具，分别按照行政区和城镇开发边界统计市域和城镇开发边界内绿化覆盖区域的 NDVI 标准差，按照如下公式计算 NDVI 标准差系数（离散系数）。

$$C_V = \frac{NDVI_{std}}{NDVI_{mean}}$$

C_V 为市域或城镇开发边界内绿化覆盖区域的 NDVI 离散系数；离散系数越大，代表 NDVI 的空间离散程度越大。$NDVI_{std}$ 为市域或城镇开发边界内绿化覆盖区域的 NDVI 标准差；$NDVI_{mean}$ 为市域或城镇开发边界内绿化覆盖区域的 NDVI 均值。

（2）全省绿化覆盖质量

通过 NDVI 分级发现，2010 年，广东省质量一般（NDVI ≤ 0.6）的绿化覆盖区域仅占全省绿化覆盖总面积的 19.03%，质量较好（NDVI > 0.6）的绿化覆盖区域占全省绿化覆盖总面积的 80% 以上。2017 年，广东省质量一般（NDVI ≤ 0.6）的绿化覆盖区域占全省绿化覆盖总面积的比重较小，为 13.15%，质量较好（NDVI > 0.6）的绿化覆盖区域占全省绿化覆盖总面积的 86.85%。相较 2010 年，2017 年全省绿化覆盖质量提升，质量较好（NDVI > 0.6）的绿化覆盖区域占比增大，质量一般（NDVI ≤ 0.6）的绿化覆盖区域占比下降。

（3）绿化覆盖质量的区域分布

对比珠三角、粤东、粤西、粤北各质量等级的绿化覆盖面积占各自区域内绿化覆盖总面积的比重：2010 年和 2017 年，珠三角、粤东、粤北质量一般（NDVI ≤ 0.6）的绿化覆盖区域占其绿化覆盖总面积的比重不超过 13%；质量好（NDVI > 0.7）的绿化覆盖区域占其绿化覆盖总面积的 24% 以上。粤西不同质量等级绿化覆盖区域占其绿化覆盖总面积的比重差异不大。

相较 2010 年，2017 年珠三角、粤东、粤北绿化覆盖质量明显提升，NDVI ≤ 0.7 的绿化覆盖区域占比下降，NDVI > 0.8 的绿化覆盖区域占比增大。粤西质量一般（NDVI ≤ 0.6）的绿化覆盖区域占比下降，质量好（NDVI > 0.7）的绿化覆盖区域占比增大。

（4）市域绿化覆盖质量

①市域绿化覆盖平均质量

对广东省 21 地市市域绿化覆盖平均质量的分析可以看出，2010 年，惠州市、汕尾

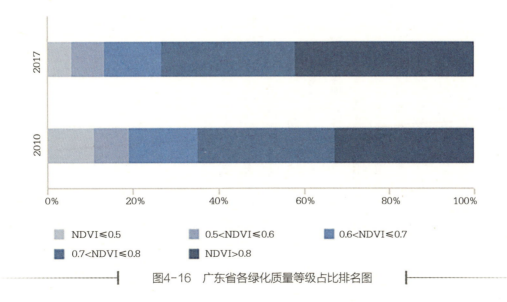

图 4-16　广东省各绿化质量等级占比排名图

市市域绿化覆盖平均质量较好,NDVI均值分别高达0.77和0.75;其次为肇庆市、广州市、揭阳市、韶关市、河源市,市域绿化覆盖区域的NDVI均值在0.73以上;湛江市市域绿化覆盖区域的NDVI均值仅为0.48。2017年,惠州市、汕尾市、肇庆市市域绿化覆盖平均质量较好,NDVI均值超过0.8;潮州市、广州市、揭阳市、云浮市、深圳市次之,市域绿化覆盖区域的NDVI均值在0.77~0.8之间;湛江市市域绿化覆盖区域的NDVI均值仅为0.58。

相较2010年,2017年广东省21地市市域绿化覆盖平均质量呈提升趋势,NDVI均值增大。佛山市、珠海市、湛江市市域绿化覆盖区域NDVI均值的增长幅度最大,超过20%;其次为中山市、深圳市、东莞市、潮州市,市域绿化覆盖区域NDVI均值的增长幅度在10%~18%之间;汕头市、河源市、韶关市、江门市、阳江市市域绿化覆盖区域NDVI均值的增长幅度较小,低于5%。

2010年、2017年四大区域各绿化质量等级占比　　　　表4-1

地区	年份	NDVI≤0.5	0.5<NDVI≤0.6	0.6<NDVI≤0.7	0.7<NDVI≤0.8	NDVI>0.8
珠三角	2010年	12.09%	7.21%	13.25%	28.30%	39.15%
	2017年	5.92%	5.06%	8.12%	24.23%	56.67%
粤东	2010年	7.31%	5.71%	13.31%	33.51%	40.15%
	2017年	2.34%	3.17%	9.25%	26.77%	58.46%
粤西	2010年	23.19%	12.82%	20.18%	25.96%	17.86%
	2017年	14.18%	17.71%	23.14%	25.97%	19.00%
粤北	2010年	7.19%	8.22%	16.66%	35.30%	32.63%
	2017年	3.71%	5.26%	13.28%	38.75%	39.00%

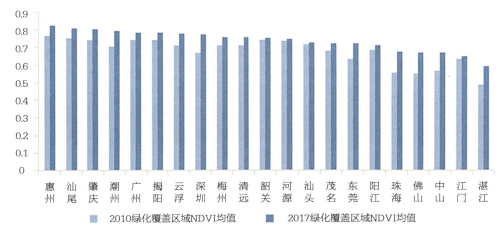

图4-17　2010年、2017年广东省21地市市域绿化覆盖区域NDVI均值排名图

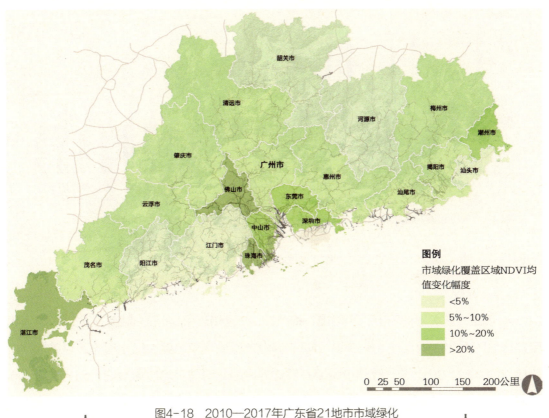

图4-18 2010—2017年广东省21地市市域绿化
覆盖区域NDVI均值变化幅度分布图

②市域绿化覆盖质量离散程度

2010年，佛山市市域绿化覆盖质量的空间离散程度最高，NDVI离散系数达0.42；其次为珠海市、东莞市、中山市、湛江市，离散系数在0.36~0.4之间；韶关市市域绿化覆盖区域的NDVI离散系数仅为0.17。2017年，东莞市市域绿化覆盖质量的空间离散程度最高，NDVI离散系数为0.27；云浮市市域绿化覆盖区域的NDVI离散系数较低，为0.1。

相较2010年，2017年广东省21地市市域绿化覆盖质量的空间离散程度呈下降趋势，NDVI离散系数减小。深圳市、中山市、珠海市、湛江市、佛山市市域绿化覆盖区域的NDVI离散系数下降较大，超过0.13；韶关市、汕头市、江门市市域绿化覆盖区域的NDVI离散系数仅下降0.17~0.18。

（5）城镇开发边界内绿化覆盖质量

①城镇开发边界内绿化覆盖平均质量

对广东省21地市城镇开发边界内绿化覆盖平均质量的分析可以看出：2010年，韶关市、潮州市、汕头市城镇开发边界内绿化覆盖平均质量较好，NDVI均值分别高达0.61、

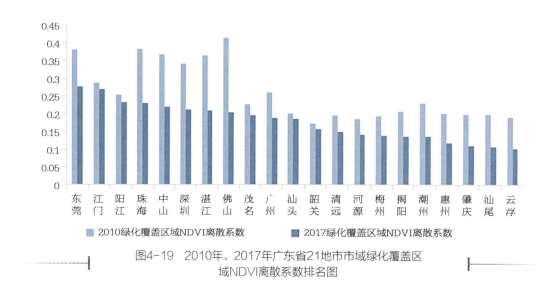

图4-19 2010年、2017年广东省21地市市域绿化覆盖区域NDVI离散系数排名图

0.60 和 0.59；其次为揭阳市、汕尾市、梅州市、云浮市、深圳市，城镇开发边界内绿化覆盖区域的 NDVI 均值在 0.5~0.56 之间；佛山市城镇开发边界内绿化覆盖区域的 NDVI 均值仅为 0.33。2017 年，潮州市城镇开发边界内绿化覆盖平均质量最好，NDVI 均值高达 0.7；汕尾市、揭阳市、汕头市、云浮市次之，城镇开发边界内绿化覆盖区域的 NDVI 均值在 0.64~0.67 之间；佛山市、阳江市城镇开发边界内绿化覆盖区域的 NDVI 均值较低，分别为 0.44 和 0.43。

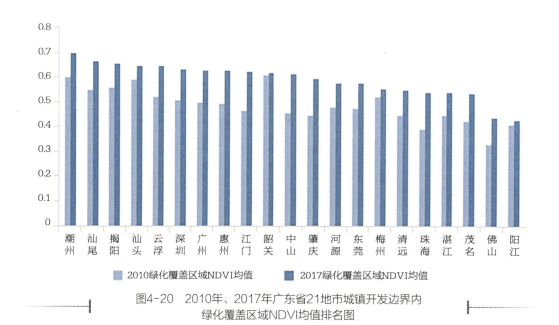

图4-20 2010年、2017年广东省21地市城镇开发边界内绿化覆盖区域NDVI均值排名图

相较2010年，2017年广东省21地市城镇开发边界内绿化覆盖平均质量呈提升趋势，NDVI均值增大。珠海市、中山市城镇开发边界内绿化覆盖区域NDVI均值的增长幅度最大，分别达到37%和35%；其次为佛山市、江门市、肇庆市、惠州市、茂名市、广州市，城镇开发边界内绿地覆盖区域NDVI均值的增长幅度在25%~35%之间；阳江市、韶关市、梅州市、汕头市增长幅度不超过10%。

②城镇开发边界内绿化覆盖质量离散程度

2010年，阳江市城镇开发边界内绿化覆盖质量的空间离散程度最高，NDVI离散系数高达0.61；其次为珠海市、佛山市、深圳市，离散系数在0.51~0.61之间；韶关市城镇开发边界内绿化覆盖区域的NDVI离散系数仅为0.29。2017年，阳江市、清远市城镇开发边界内绿化覆盖质量的空间离散程度最高，NDVI离散系数约为0.37；云浮市、汕尾市城镇开发边界内绿化覆盖区域的NDVI离散系数较低，分别为0.17和0.16。

相较2010年，2017年广东省21地市城镇开发边界内绿化覆盖质量的空间离散程度呈下降趋势，NDVI离散系数减小。珠海市、佛山市、阳江市城镇开发边界内绿化覆

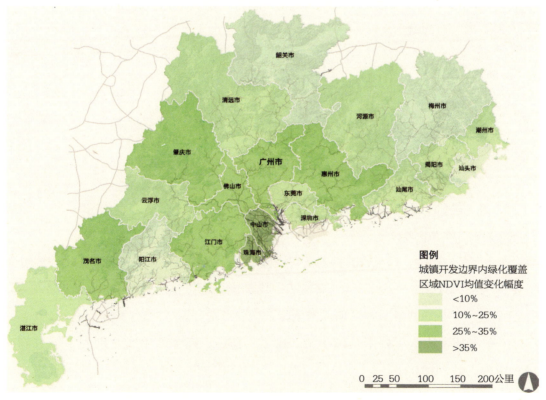

图4-21　2010—2017年广东省21地市城镇开发边界内绿地覆盖区域NDVI均值变化幅度分布图

图4-22　2010年、2017年广东省21地市城镇开发边界内
绿地覆盖区域NDVI离散系数排名图

盖区域的 NDVI 离散系数下降较大，超过 0.24；中山市、肇庆市、惠州市、汕尾市、深圳市、广州市次之，城镇开发边界内绿化覆盖区域的 NDVI 离散系数下降 0.18~0.24；韶关市城镇开发边界内绿化覆盖区域的 NDVI 离散系数仅下降 0.05。

4.2 公共服务空间品质特质

4.2.1　基础教育设施品质特征

（1）全国教育资源分布

在全国各省市中，广东省的基础教育设施水平位居前列。其中普通高中学校数量全国最多，达 1031 所，占全国 8%；普通初中数量 3478 所，占全国 7%；小学 10178 所，占全国 6%；学校总数量 14687 所，占全国 6%。

广东省师生比水平处于全国中游。小学、初中、高中师生比分别为 1∶18.60，1∶12.61，1∶13.02。

（2）区域教育资源分布

2016 年广东省中小学共有 14687 所。其中小学 10178 所，普通中学 4509 所，省

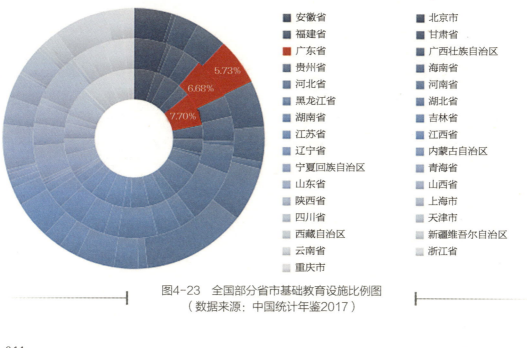

图4-23 全国部分省市基础教育设施比例图
（数据来源：中国统计年鉴2017）

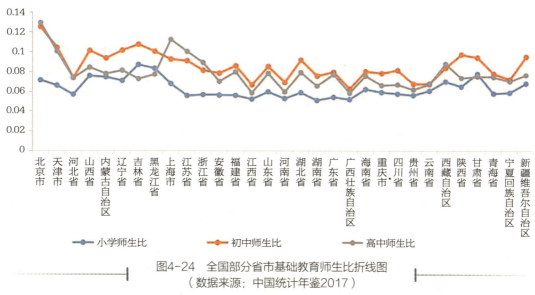

图4-24 全国部分省市基础教育师生比折线图
（数据来源：中国统计年鉴2017）

级重点学校489所。就数量而言，珠三角小学数量占33%，而中学数量比例达46%，将近全省的半数；粤东的小学数量基本与珠三角接近。就省重点学校数量而言，珠三角占全省约2/3。

不同地区的人均教育资源也呈现出不同的特征。珠三角的人均（中小）学校数量和师生比均是各地区中最低，粤东的人均学校数最高，粤北的师生比最高。显示出珠三角的教育资源较为集约，粤东地区学校人均教育设施数量上相对充足。

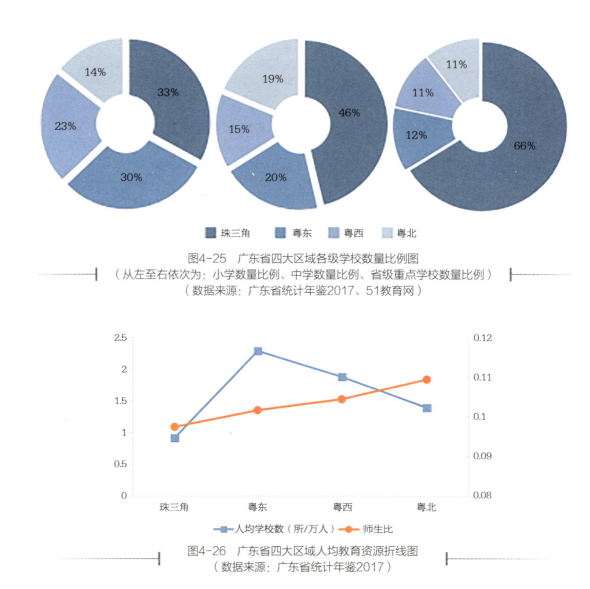

图4-25 广东省四大区域各级学校数量比例图
（从左至右依次为：小学数量比例、中学数量比例、省级重点学校数量比例）
（数据来源：广东省统计年鉴2017、51教育网）

图4-26 广东省四大区域人均教育资源折线图
（数据来源：广东省统计年鉴2017）

（3）各地市教育设施品质

2016年广东省中小学共有14688所。其中最多的三个地级市分别为茂名、揭阳、广州，此外湛江、汕头、潮州、惠州也高于全省平均值（700所）。

各市人均中小学数量最高的地市分别是潮州、茂名、揭阳、汕尾、汕头。其中最高的潮州达到2.85所/万人。

省级重点学校分布和普通中小学分布差异显著，明显聚集于珠三角地区。省重点学校数量前三位的城市为广州、深圳、佛山，数量最多的广州共有92所，广深佛数量之和占全省46%，其余城市均不足30所，清远、汕尾、潮州均不足10所。

教育设施的全省分布呈现总体均匀，优势集中的格局。

图4-27 广东省21地市学校总量及人均量排名图
（数据来源：广东省统计年鉴2017）

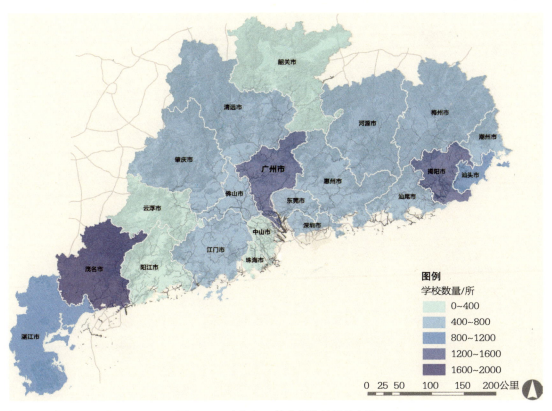

图4-28 广东省21地市学校总量分布图
（数据来源：广东省统计年鉴2017）

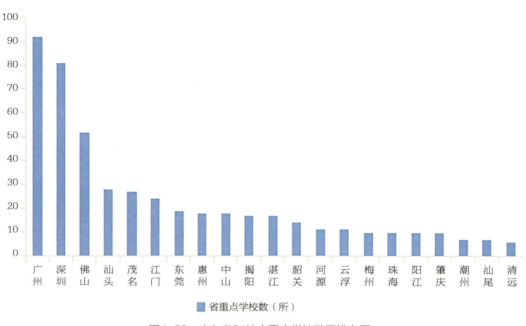

图4-29 广东省21地市重点学校数量排名图
（数据来源：51教育网）

图4-30 广东省21地市重点学校数量分布图
（数据来源：51教育网）

就各市中小学师生比统计，阳江、河源、梅州、汕尾、韶关师生比全省最高，分别位于粤西、粤北、粤东，明显高于珠三角城市。而师生比最低的三个城市分别是位于珠三角的东莞、佛山、江门；珠三角城市中，师生比最高的城市为深圳。

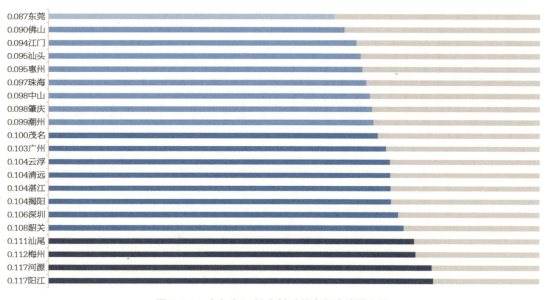

图4-31　广东省21地市基础教育师生比排名图
（数据来源：广东省统计年鉴2017）

4.2.2　文化设施品质特征

（1）全国文化设施分布

广东省文化设施数量水平处于全国中等偏上水平，总量全国第八。博物馆、美术馆数量较多，但艺术表演场馆相对偏少。

（2）区域文化设施品质

考察艺术表演团体、文化馆、公共图书馆、博物馆、美术馆、档案馆等文化活动设施在全省的分布，珠三角九市占75%的数量，人均数量也处于优势位置。而粤北地区的设施总量和人均数量较粤东、粤西地区更高。

（3）各地市文化设施品质

广东省文化设施的数量分布在珠三角地区优势明显，其中广州的文化设施达到2596处，比深圳多1000处，东莞、佛山均约1000处，江门520处，其余城市均在500处以下。

就人均文化设施而言，珠海、广州的数量最高，其他珠三角城市人均数量均高于非珠三角城市。

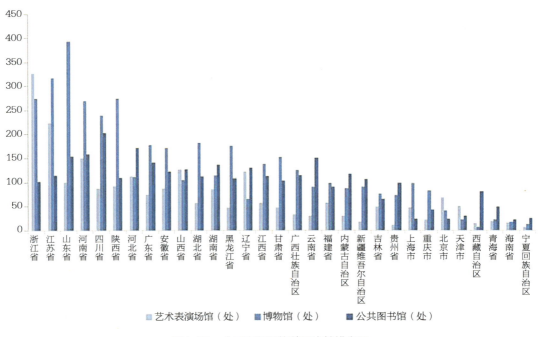

图4-32 全国文化设施数量比较排名图
（数据来源：中国统计年鉴2017）

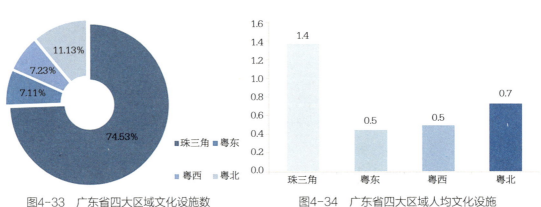

图4-33 广东省四大区域文化设施数量比例图
（数据来源：广东省统计年鉴2017）

图4-34 广东省四大区域人均文化设施数量（处）比较排名图
（数据来源：广东省统计年鉴2017）

（4）各地市文化活动强度

根据近一年豆瓣同城活动18960条记录，考察广东省基于互联网组织的线下文化活动强度。广州、深圳同城活动总量占全省87%，其余数量较高的城市均集中在珠三角，强度差距十分明显。

图4-35 广东省四大区域人均文化设施数量（处）比较排名图
（数据来源：广东省统计年鉴2017）

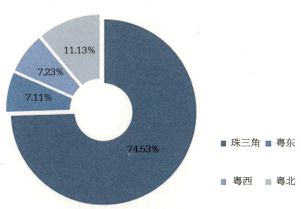

图4-36 广东省四大区域人均文化设施数量（处）比例图
（数据来源：广东省统计年鉴2017）

4.2.3 体育设施品质特征

（1）区域体育设施分布

全省的体育设施分布集中在珠三角地区（82%），人均设施数量（2.25处/万人）也明显高于其他地区。而粤西地区的体育设施数量和人均设施均为全省最低。

（2）各地市体育设施分布

全省的体育设施分布集中于广州深圳，两市数量均超过4000处，第三的佛山不足1500处，其余城市均不足1000处。

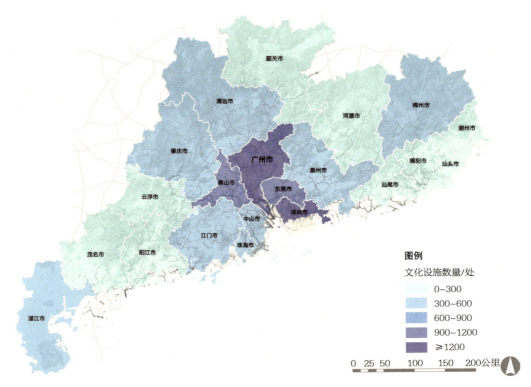

图4-37 广东省21地市文化设施数量分布图
（数据来源：广东省统计年鉴2017）

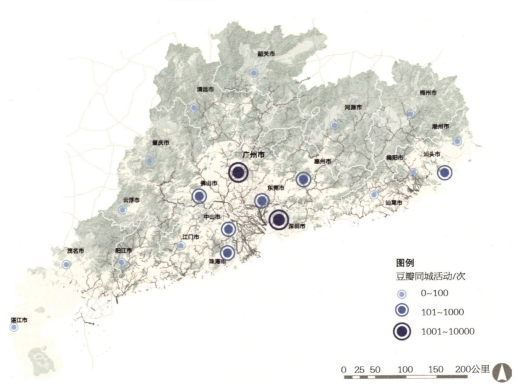

图4-38 近一年广东省豆瓣同城文化活动比例图
（数据来源：豆瓣同城）

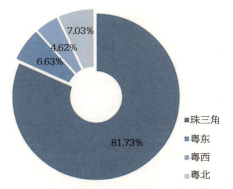

图4-39　广东省四大区域体育设施数量比例图
（数据来源：百度地图）

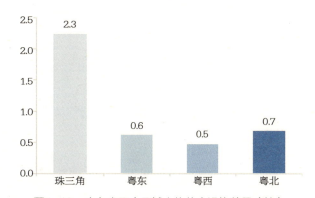

图4-40　广东省四大区域人均体育设施数量（处）
比较排名图
（数据来源：广东省统计年鉴2017、百度地图）

就人均体育设施数量而言，最高的城市分别是深圳、广州、珠海、中山、佛山，均超过2处/万人，最高的深圳达3.45处/万人。

（3）各地市足球场分布

足球场的数量分布与各城市对于足球运动关注度分布基本一致，而广州相对于其他城市的数量优势相当明显。

值得注意的是作为"足球之乡"的梅州，足球场数量明显高于对足球运动同等关注度的城市，说明足球运动在梅州市的普及性相当高。

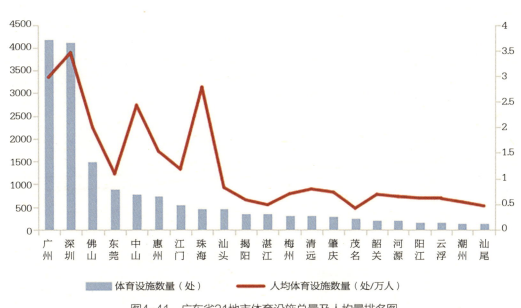

图4-41　广东省21地市体育设施总量及人均量排名图
（数据来源：广东省统计年鉴2017、百度地图）

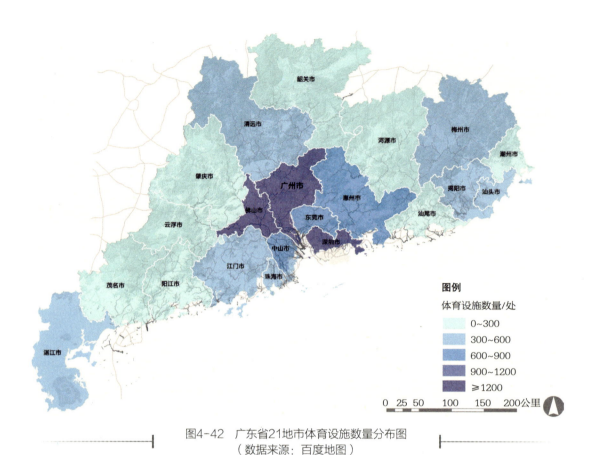

图4-42 广东省21地市体育设施数量分布图
（数据来源：百度地图）

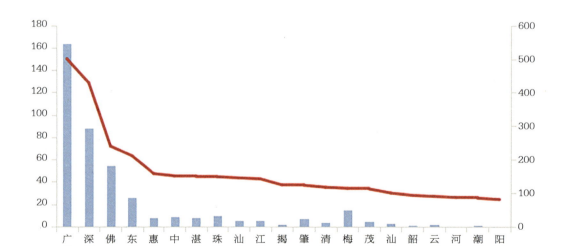

图4-43 广东省21地市足球场数量及百度指数排名图
（数据来源：百度地图、百度指数）

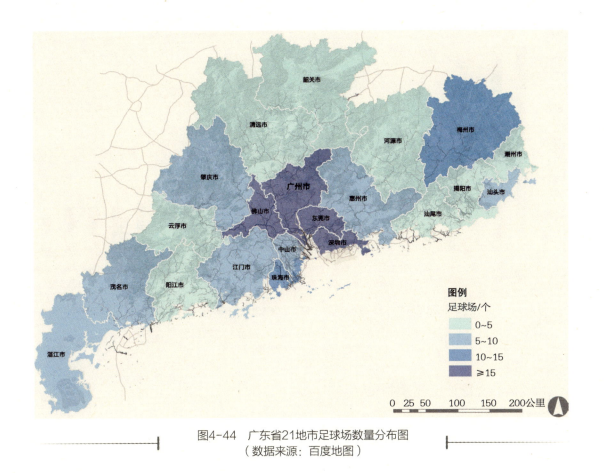

图4-44　广东省21地市足球场数量分布图
（数据来源：百度地图）

（4）体育运动网络关注度

各地区中足球的网络关注度都相当高，其中珠三角、粤北的足球关注度是四种体育运动中最高。粤东的篮球、粤西的乒乓球在当地的网络关注度最高。羽毛球这种日常普及度较高的运动在各地区中的网络关注度均为最低。

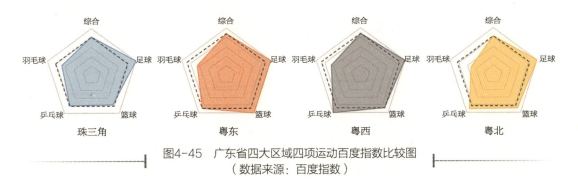

图4-45　广东省四大区域四项运动百度指数比较图
（数据来源：百度指数）

就各地市而言，其中17个城市中，足球都是关注度最高的运动，韶关、阳江对乒乓球关注度是四项体育运动中最高，汕尾、潮州则对篮球关注度最高。

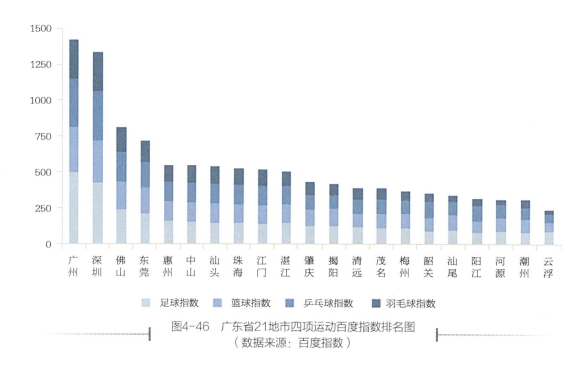

图4-46 广东省21地市四项运动百度指数排名图
(数据来源：百度指数)

4.2.4 医疗设施品质特征

（1）区域医疗设施分布

全省各地区的医疗设施的数量分布相对比较均匀，基础医疗设施的数量差异较小，但医疗设施的品质越高，就越聚集于珠三角地区。相对于粤北粤东，粤西地区的三甲医院数量相对较多。

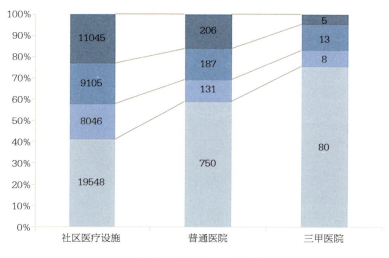

图4-47 全省四大区域各等级医疗设施比例图
(数据来源：广东省统计年鉴2017、A+医学百科)

（2）各地市医疗设施品质

三甲医院数量是城市高品质医疗设施的重要指标。广州市三甲医院数量优势明显，达到36所；深圳次之，有16所；佛山、湛江也在10所以上，其余城市均在6所以下。

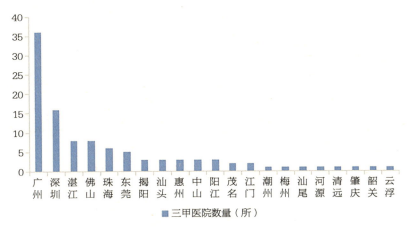

图4-48　广东省21地市三甲医院数量排名图
（数据来源：A+医学百科）

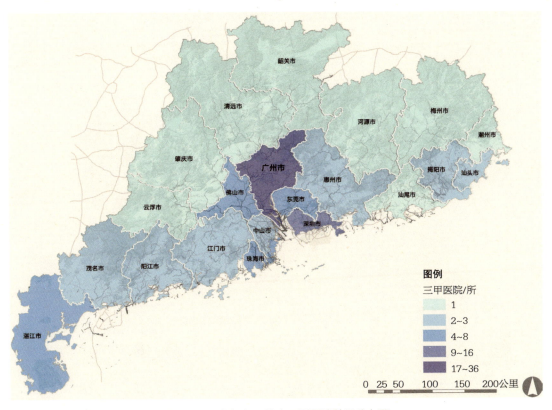

图4-49　广东省21地市三甲医院数量分布图
（数据来源：A+医学百科）

就社区医疗设施总量而言，除珠海、中山以外，其他城市数量无明显级差，分布较为平均。

就人均数量而言，潮州人均社区医疗设施数量最多，达 8.72 处／万人。广深佛莞等珠三角重要城市均低于全省平均值（4.34 处／万人），社区医疗设施的使用频率较高。

图4-50　广东省21地市社区医疗设施总量及人均排名图
（数据来源：广东省统计年鉴2017）

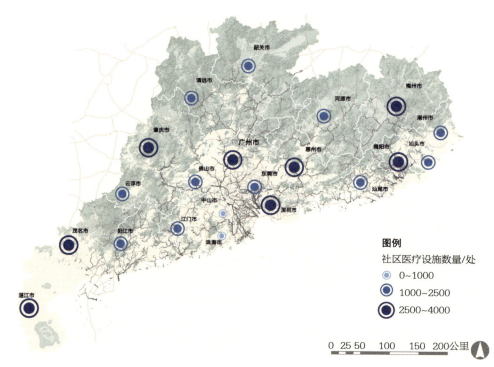

图4-51　广东省21地市社区医疗设施数量分布图
（数据来源：广东省统计年鉴2017）

4.2.5 养老设施品质特征

（1）全国养老设施分布

广东共有养老院 1176 所，排名全国第六；养老院床位数 122368 张，全国第八。养老设施水平总体较高。

图4-52 全国部分省市养老院及养老床位数量排名图
（数据来源：养老网）

（2）区域养老设施分布

全省养老设施中，珠三角地区占56%，粤北地区占32%，粤东、粤西占比较低。而就床位数量而言，珠三角占比更高，达74%，粤北地区占18%，粤东、粤西仅占8%。具体到人均指标中，以65岁以上老龄人为需求对象进行统计，珠三角养老院床位数达250.49张/万人，最低的粤东地区仅17.72张/万人，差距明显。

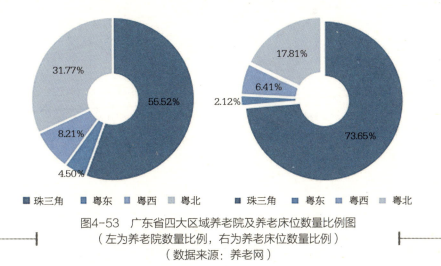

图4-53 广东省四大区域养老院及养老床位数量比例图
（左为养老院数量比例，右为养老床位数量比例）
（数据来源：养老网）

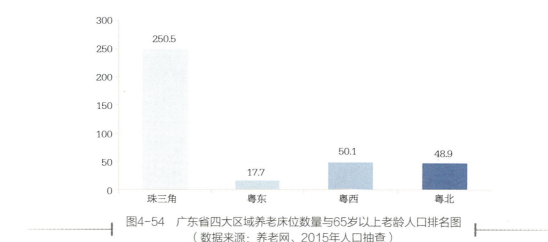

图4-54 广东省四大区域养老床位数量与65岁以上老龄人口排名图
（数据来源：养老网、2015年人口抽查）

（3）各地市养老设施品质

具体到各地市，珠三角中的广州、深圳、佛山以及粤北的梅州、韶关、清远的养老设施均在65处以上。

而人均床位数方面广州、深圳均超过400张/万人，珠海296张/万人；而最低的汕头、汕尾、湛江均不足20张/万人。

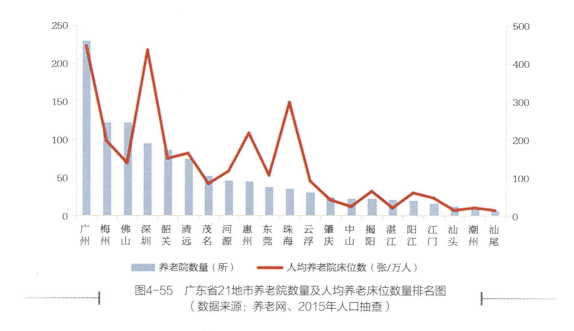

图4-55 广东省21地市养老院数量及人均养老床位数量排名图
（数据来源：养老网、2015年人口抽查）

4.2.6 公共服务空间品质特征小结

（1）区域公共服务空间品质特征

区域层面上，公共服务设施的分布总体呈现不平衡、不充分的状况。

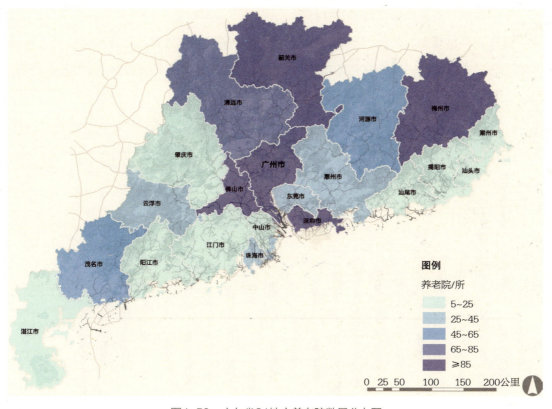

图4-56　广东省21地市养老院数量分布图
（数据来源：养老网）

总体数量而言，珠三角公共服务设施在教育、文化、体育、医疗、养老领域都具有明显优势；就人均数量而言粤北的医疗设施，尤其是基层医疗设施相对充足，粤东教育设施优势明显，尽管珠三角地区人均数量较小，但涉及重点学校、三级医院等高品质设施的布置依然具有相当优势。

图4-57　广东省四大区域公共服务设施
标准化总量比较图

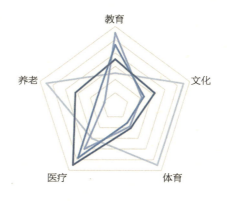

图4-58　广东省四大区域公共服务设施
标准化人均量比较图

（2）各地市公共服务空间品质特征

具体到各地级市，广州深圳的公共服务设施总量和人均数量都位于全省前列，珠海人均设施总量最高。总体而言各地市人均设施数量差距不大，但不同城市的设施结构差异较大。

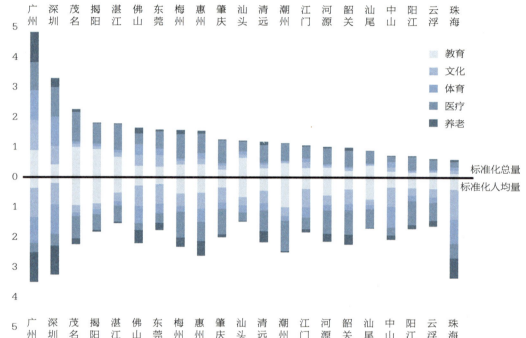

图4-59 广东省21地市公共服务设施标准化总量及人均量排名图

第五章
广东省城市认知评估

05

本章通过网络关键词特征、城市意象特征、城市空间感知进行广东省城市认知评估。评估主要选用百度新闻搜索结果数量、百度图片搜索结果、户外助手图片数据进行评估。

5.1 网络关键词特征

利用百度新闻搜索引擎，分别以"广东"以及各地级市为关键词进行搜索，提取前300条结果，对网络语义下广东以及各地级市的整体印象进行分析。

5.1.1 广东网络关键词

考察广东省网络关键词，"建设""华南""环保""改革开放"等关键词均具有较高的词频，显现出改革开放先行地广东的整体印象。

图5-1　广东新闻关键词
（数据来源：百度新闻）

5.1.2 城市特征识别

（1）珠三角地区城市网络关键词特征

提取百度新闻中各城市前300条相关结果，分析珠三角地区的城市特征。

整体而言，产业、城市、国际、投资等关键词均具备较高的词频，显现出珠三角地区产业发展成熟，迈向国际化城市集群的特征。

图5-2　珠三角地区新闻关键词
（数据来源：百度新闻）

珠三角各地市新闻关键词前五　　表5-1

城市	关键词前五
广州	恒大　亚冠　战略　产业　小组
深圳	设计　项目　城市　智慧　投资
佛山	北帝　开幕　陶博会　大众　产业
东莞	男子　价格　比价　地铁　安全
惠州	楼盘　大亚湾　碧桂园　项目　投资
珠海	国际　中大　横琴　创新　创业
中山	中山公园　项目　孙中山　行情　学院
江门	投资　建设　高新区　文化　广外
肇庆	学院　高新区　学习　建设　产业

（数据来源：百度新闻）

（2）粤东地区城市网络关键词特征

考察粤东地区的网络关键词。整体而言，潮汕、安全、环境等关键词均具备较高的词频，显现出粤东地区地处潮汕文化圈，同时重视安全与环境的特征。

图5-3　粤东地区新闻关键词
（数据来源：百度新闻）

粤东各地市新闻关键词前五　　　　　　　　　　表5-2

城市	关键词前五
潮州	安全　精神　文化　职位　整治
揭阳	潮汕　机场　政府　建设　项目
汕头	楼市　走势　汕头大学　项目　工人
汕尾	城区　建设　项目　红海　安全

（数据来源：百度新闻）

（3）粤西地区城市网络关键词特征

考察粤西地区的网络关键词。整体而言，石化、海洋、高新区等关键词均具备较高的词频，显现出粤西地区发展海洋与石化经济的特征。

图5-4　粤西地区新闻关键词
（数据来源：百度新闻）

粤西各地市新闻关键词前五　　　　　　　　　　　　　　　　　　表5-3

城市	关键词前五
茂名	石化　中考　建设　创新　国际
阳江	项目　建设　高新区　考试　职位
湛江	中考　建设　菠萝　海洋　火龙果

（数据来源：百度新闻）

(4) 粤北地区城市网络关键词特征

考察粤北地区的网络关键词。整体而言，旅游、客家、教师等关键词均具备较高的词频，显现出粤北地区发展旅游产业，弘扬客家文化的特征。

图5-5　粤北地区新闻关键词
（数据来源：百度新闻）

粤北各地市新闻关键词前五　　　　　　　　　　　　　　　　表5-4

城市	关键词前五
河源	建设　春节　城市　扶贫　高铁
梅州	客家　中甲　梅县　永昌　中考
清远	建设　教师　清运　审查　中考
韶关	项目　旅游　建设　预警　公务员
云浮	会议　建设　旅游　调研　安全

（数据来源：百度新闻）

5.1.3 城市热度评价

将各个地级市名称作为关键词进行百度搜索，比较各城市的搜索结果量，进而对城市的热度进行评价。深圳市（9750万条）和广州市（6740万条）两座城市的相关结果量最高，且高于以"广东"为关键词的搜索结果量（6160万条），体现广深两座城市具备全国性的影响力。此外，中山市（2290万条）、东莞市（1440万条）、佛山市（110万条）热度值也在较高水平。

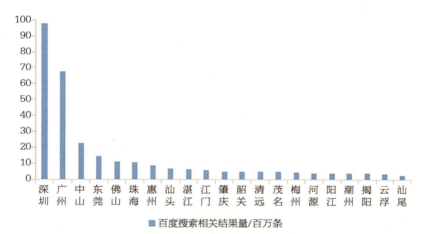

图5-6　广东省21地市百度搜索相关结果排名图
（数据来源：百度搜索）

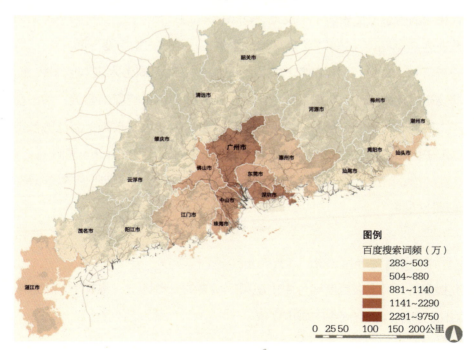

图5-7　广东省各地市城市热度分布图
（数据来源：百度搜索）

5.2 城市特色识别

根据百度图片搜索结果以及户外助手共享图片的地理分布，分析广东省各城市的城市意象以及市民对城市空间的感知。

5.2.1 城市意象因子分布

以各地级市名字为关键词，进行百度图片搜索，提取各城市搜索结果前 100 张图片，进行城市意象分析。对所有图片进行特征的初步识别，可以归纳为都市景观、山水景观、非物质文化、乡村景观四类因子。

此后，运用 SPSS 统计软件进行主因子分析，选取特征值大于等于 1 的作为主要城市意象因子。研究表明，网络空间下 21 个城市的图景中，非物质文化类因子的可归纳性较弱，相应的可意象性较弱；相反地，都市因子、山水因子、乡村因子等实体空间能形成聚类表达，表明网络空间下物理环境的意象表达仍然占据主要方面。

由分析可知，广州、深圳的都市景观因子较强；珠海的山水景观因子较强；佛山、潮州在非物质文化因子和乡村景观因子都展现了较强的意象特征；韶关、中山在非物质文化因子上展现了较强的特色；而河源、肇庆的乡村景观因子较强；湛江的都市景观相对于其他因子更加显著；云浮市的山水景观因子较为明显。但汕头市、梅州市、惠州市、汕尾市、江门市、阳江市、茂名市、清远市以及揭阳市都没有特别明显的城市意象特征，其可意象性比较弱。

5.2.2 城市高频场景分析

研究提取各个城市在百度图片中出现频次最高的一类场景，将其与城市意象因子分布进行对比，判别网络空间中的城市意象。

广东省各地市的城市意象因子分布　　　　　　　　表5-5

城市名	都市景观因子	山水景观因子	非物质文化因子	乡村景观因子
广州	2.873	−0.798	0.666	−0.643
深圳	2.252	2.572	−1.038	0.035
珠海	−0.249	0.591	−1.043	−0.966
汕头	0.377	−0.588	−0.595	−0.557
佛山	−0.286	−0.991	0.927	0.955
韶关	−0.81	0.794	2.009	−1.792
河源	−0.711	1.065	−0.574	2.546
梅州	−0.28	−0.962	−0.374	−0.325
惠州	−0.107	−0.146	−0.598	0.489
汕尾	−0.628	−0.183	−1.104	−0.542
东莞	1.045	−0.775	−0.526	0.472
中山	0.192	0.22	1.062	−0.13
江门	−0.345	−0.825	−0.857	−0.385
阳江	−1.125	0.31	−0.687	−0.661
湛江	0.574	−0.616	0.416	0.018
茂名	−0.591	−0.649	−0.95	−0.49
肇庆	−0.52	0.514	−0.329	1.594
清远	−0.817	0.262	−0.266	−0.589
潮州	0.189	−0.819	1.824	1.699
揭阳	−0.369	−0.999	0.375	−0.374
云浮	−0.664	2.024	1.662	−0.353

（数据来源：谷歌图片）

广州市、深圳市呈现出明显的地标性城市意象，而部分外围城市更多地出现了山水风景、历史遗存类的场景，这说明，发达城市的地标建筑具有区域范畴的可意象性，而外围的城市多凸显出明显的景观基底特征。虚拟网络空间中的城市意象元素依旧以都市类的建筑景观为主，非物质环境类要素的影响程度相对较低。

图5-8 广东省各地市频次最高图片
（数据来源：百度图片）

5.3 城市空间感知

5.3.1 城市户外图片数量

通过户外助手平台,统计市民在户外运动时拍摄上传的照片数量和经纬度坐标,对各城市的整体空间进行感知。

在总量上,户外图片数量较多的城市主要集中于珠三角与粤北地区。其中广深两座城市均超过5万张,体现了更强的城市吸引力。

而从城市人均户外图片数的角度,韶关市、清远市、河源市、中山市、珠海市等城市的图片数量远高于全省平均水平,户外休闲空间质量更高。

分析广东城市户外图片的分布,感知市民在城市中的活跃点。

珠三角地区的户外图片密度较高,且分布较广。其中广州市、深圳市、中山市、珠海市四座城市主城区的户外图片密度最高,体现了珠三角地区的城市空间品质较好,空间活跃度较高。

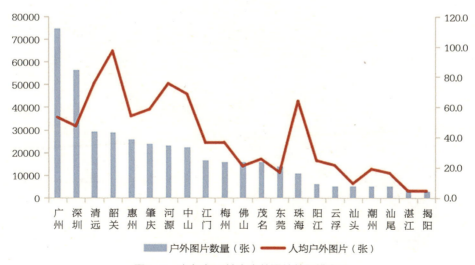

图5-9 广东省21地市户外图片数量排名图
(数据来源:户外助手APP)

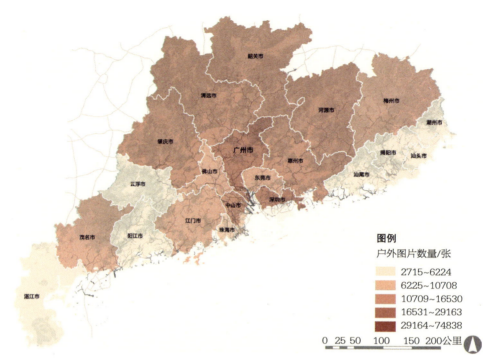

图5-10 广东省各地市户外图片数量分布图
（数据来源：户外助手APP）

粤东西北地区中，粤北地区的户外图片分布较广，具备较多户外空间资源。粤东与粤西地区户外图片分布较少，空间活跃度有待提升。

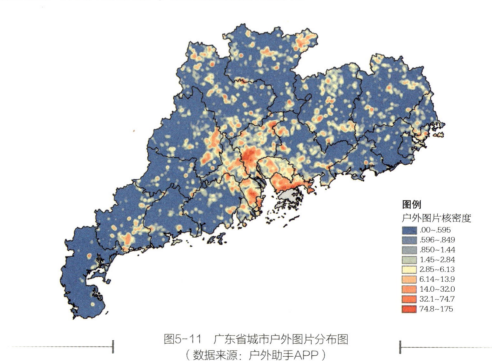

图5-11 广东省城市户外图片分布图
（数据来源：户外助手APP）

第六章
专题：数字湾区

06

6.1 国际湾区概况

● **旧金山湾区**

以高新技术为代表的世界级湾区

旧金山湾区以旧金山、圣何塞、奥克兰为核心城市，拥有全球高新技术企业最密集的地区——硅谷，是世界上最重要的高科技研发中心之一，同时旧金山湾区拥有全美第二多的世界500强企业，也是美国西海岸最重要的金融中心。

旧金山湾区： 位于美国人口数量第一的加利福尼亚州（State of California）。在加州大都会运输委员会和湾区管理委员会编制的《湾区规划2040》（*Plan Bay Area* 2040）中将旧金山市县、圣马特奥县、圣克拉拉县、阿拉梅达县、康特拉科斯塔县、索拉诺县、纳帕县、索诺马县、马林县等9县划为旧金山湾区的范围。湾区内包含旧金山市、奥克兰市、圣何塞市等109个居民点的全部和部分。

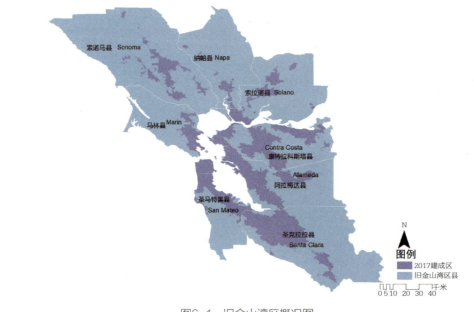

图6-1 旧金山湾区概况图
（数据来源：《湾区规划2040》、美国国家统计局）

纽约湾区

以金融服务为代表的世界级湾区

纽约湾区是世界规模最大的金融中心，GDP达1.4万亿美元，占美国GDP的10%。纽约湾区是以金融业为代表的世界级湾区，以纽约港和新泽西港为核心，带动湾区整体经济发展。

范围界定

纽约湾区：纽约湾区在地理概念上是纽约大都会区，湾区包括美国纽约市（New York City）、长岛（Long Island）和纽约州哈德逊（Hudson Valley）中下游的河谷地区。同时也将新泽西州中以纽瓦克（Newark）和泽西市（Jersey City）为代表的五市，康涅狄格州（Connecticut）七大城市中的六座以及宾夕法尼亚州（Pennsylvania）的东北五县纳入湾区范畴。

美国管理和预算办公室（The U.S. Office of Management and Budget）对纽约湾区有两个定义：大都会统计区（MSA）和联合统计区（CSA），文中湾区对比统一采用联合统计区范围，包含五州的35个县。

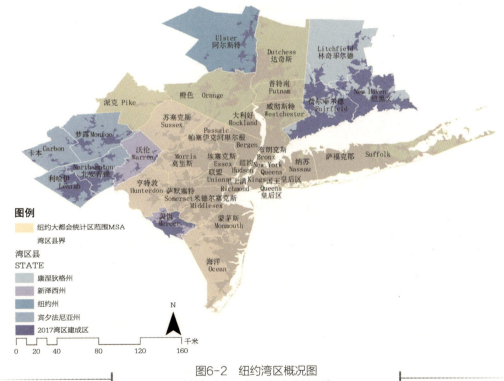

图6-2　纽约湾区概况图
（数据来源：美国国家统计局）

东京湾区

以工业制造为代表的世界级湾区

东京湾区是以工业制造为代表的世界级湾区，GDP位居全球各大湾区之首，人均GDP仅次于旧金山湾区。

东京湾区：呈"一都四县"的结构，包括东京都、神奈川县、埼玉县和千叶县。东京湾区一共包含6个政令市，117个普通市和25个郡级单位。6个政令指定都市相当于国内的6个经济特区，分别为琦玉市、千叶市、川崎市、横滨市、相模原市、八王子市。面积3.68万平方公里，人口4383万人。

除此之外，日本还有日本统计局定义的关东都市圈、《首都圈整备法》中定义的首都圈。文中湾区对比采用环湾"一都四县"的范围。

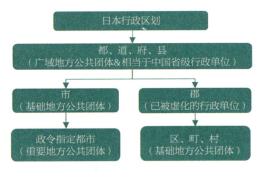

图6-3　日本行政区划图
（数据来源：日本统计局）

图6-4　日本关东都市圈图
（数据来源：日本统计局）

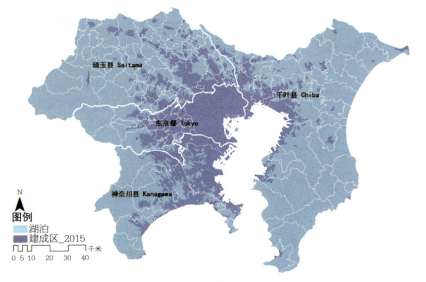

图6-5　东京湾区概况图
（数据来源：日本统计局、《首都圈整备法》）

粤港澳大湾区

具备全球最完整制造业产业链的世界级湾区

从经济规模、外向程度、产业形态、城市竞争力和区域一体化水平等方面看，粤港澳大湾区城市群已具备建成国际一流湾区和世界级城市群的基础条件。

粤港澳湾区：是指位于珠江入海口的广州、深圳、佛山、东莞、惠州、珠海、中山、江门、肇庆9市和香港、澳门两个特别行政区形成的城市群。在地理空间上划分为三个圈层。2017年3月5日，国务院政府工作报告中，正式提出"粤港澳大湾区"的概念，成为与"京津冀""长江经济带"比肩的国家战略。

自然基底及用地

纽约湾区：位于哈德逊河入海口，湾内水域面积宽阔，拥有1600千米海岸线，平均水深30米，是世界天然的深水港，且通过伊利运河可连接到内陆5大湖区。

旧金山湾区：沙克拉门托河下游出海口的旧金山湾四周，海湾水域宽广且深，通过沙克拉门托河和圣华金河联系加州广阔腹地。海岸群山环绕，形成狭长的山谷地带。

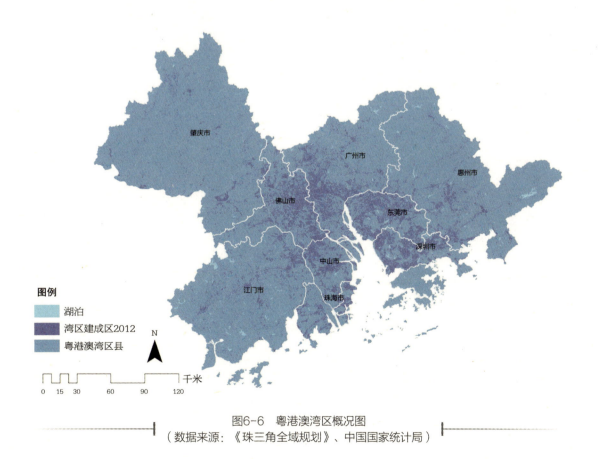

图6-6 粤港澳湾区概况图
（数据来源：《珠三角全域规划》、中国国家统计局）

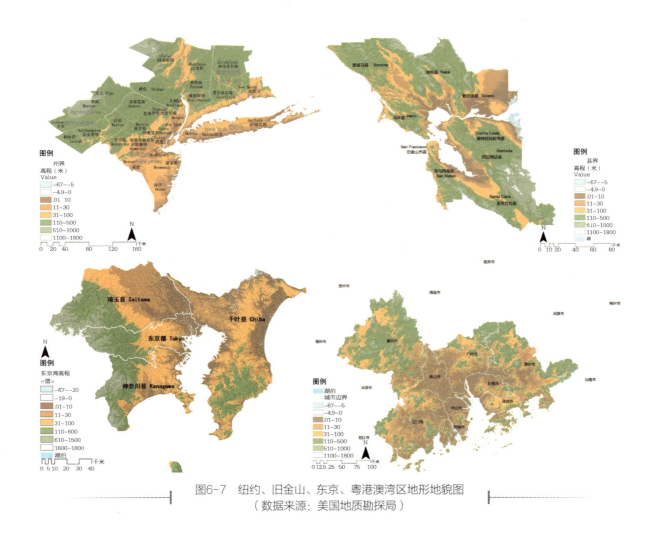

图6-7 纽约、旧金山、东京、粤港澳湾区地形地貌图
（数据来源：美国地质勘探局）

东京湾区：湾区内湾口狭窄，水域面积广阔，有多摩川、鹤见川、江户川、荒川等多条河流注入，湾区陆域平坦，三面围城。

粤港澳湾区：位于珠江入海口，珠江水系发达，水道宽广，冲积形成广阔的平原，物产丰富，湾区外围三面环山，具有优越的山水格局和"山、水、城、田、海"并存的自然禀赋。

相比其他三大湾区，粤港澳湾区在陆地面积上具有一定优势。

建设用地：纽约湾区的建成区面积（6.48万平方公里）及其与所辖陆域面积之比（23.16%）均列四大湾区首位。东京湾区陆域面积（1.3万平方公里），是湾区中陆域面积最少的，而建成区面积最小的湾区是旧金山湾区，面积为0.3平方公里。粤港澳湾区有与东京湾相近的建成区面积（0.5万平方公里）；同时，其陆地面积为5.6万平方公里，与纽约湾区相近。

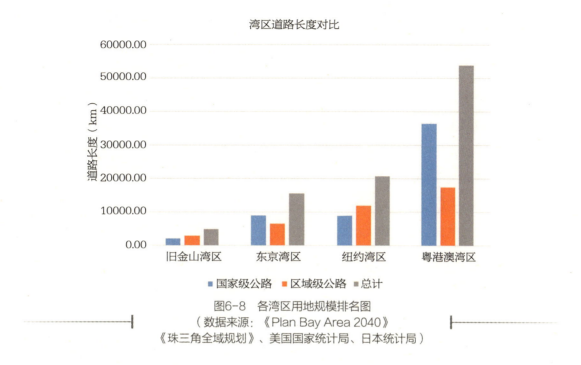

图6-8 各湾区用地规模排名图
（数据来源：《Plan Bay Area 2040》
《珠三角全域规划》、美国国家统计局、日本统计局）

各湾区用地规模　　　　　　　　　　　　　　　　　　　　表6-1

湾区	国家级公路		区域级公路		总计
	包含类型	长度（km）	包含类型	长度（km）	包含类型 长度（km）
旧金山湾区	州际公路，国道	2018.24	州级公路	2845.17	4863.42
纽约湾区	州际公路，国道	8836.64	州级公路	11862.80	20699.45
东京湾区	高速道路，一般国道	228.00	都道府县道	17429.31	53897.02
粤港澳湾区	高速公路，国道	8944.79	省道	6508.42	15453.21

（数据来源：《Plan Bay Area 2040》《珠三角全域规划》、美国国家统计局、日本统计局）

人口及经济

粤港澳大湾区的人口规模庞大，对人口的吸纳能力高于其他国际湾区。

纽约湾区人口分布： 2016年纽约湾人口2368.9万人，以纽约（853.7万人）为中心呈放射状分布。其中纽约的曼哈顿岛（2.58万人/平方公里）为纽约湾区乃至全美人口最为密集区域。

旧金山湾区人口分布： 2016年旧金山湾区人口764.9万人。人口分布体现了美国西部地广人稀的特征，人口多集中在南湾和半岛地区，形成了旧金山（86.7万人）、圣何塞（100.1万人）、奥克兰（42.1万人）三个人口密集聚集城市。

东京湾区人口分布：2016年东京湾人口3629.4万人。人口呈圈层式分布，湾区以东京都为中心大致分为核心区、近郊区和远郊区。核心区面积为621平方公里，人口为895万人，人口密度1.4万人/平方公里。

粤港澳湾区人口分布：形成以广州（1404.4万人）、深圳（1190.8万人）为核心的人口聚集区和珠江口东岸的人口聚集带。

相比其他三大湾区，粤港澳人口在近十年得到了持续增长；GDP总量增速也处于领先地位，人均GDP则相对落后，反映出湾区的经济发展质量仍有待提升。

人口：相比于世界其他三大湾区，粤港澳人口在近十年得到了持续的增长，十年中，前半程人口增速迅猛，后半程人口增速逐渐放缓。其他各个湾区人口增减变化较少，在人口密度方面，亚洲湾区体现了人口高度聚集的特征，特别是粤港澳湾区建成区范围内人口密度超过东京湾的人口密度，是美国湾区的5~6倍。

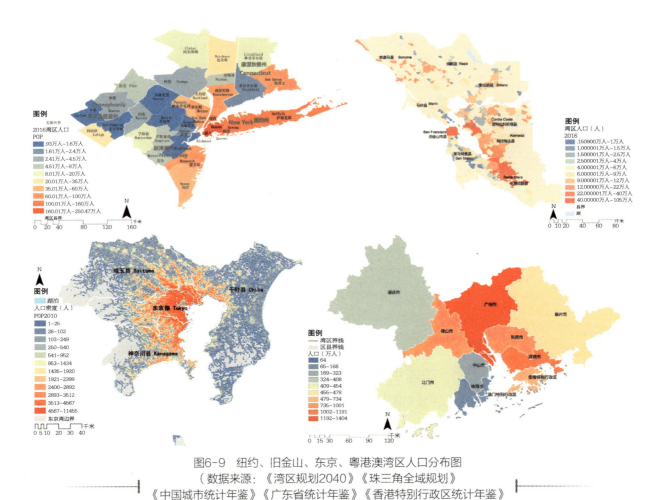

图6-9　纽约、旧金山、东京、粤港澳湾区人口分布图
（数据来源：《湾区规划2040》《珠三角全域规划》
《中国城市统计年鉴》《广东省统计年鉴》《香港特别行政区统计年鉴》
《澳门特别行政区统计年鉴》、美国国家统计局、日本统计局）

经济：GDP 总量方面，在其他三个湾区持续增长的态势下，东京湾区近 15 年来一直保持着高位震荡且有下滑。特别是粤港澳湾区 GDP 总量增速领先其他三大湾区，并有超越东京湾区和纽约湾区的趋势。但在人均 GDP 方面，粤港澳湾区远远落后于其他三大湾区。

综合交通

纽约湾区公路：以纽约市为中心形成了由州际公路、美国国道和州级公路三级系统构成的辐射状湾区公路网。

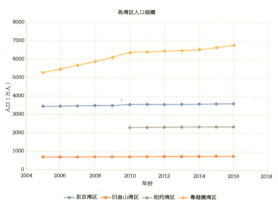

图6-10　各湾区人口规模折线图
（数据来源：《湾区规划2040》《珠三角全域规划》《中国城市统计年鉴》《广东省统计年鉴》《香港特别行政区统计年鉴》《澳门特别行政区统计年鉴》、美国国家统计局、日本统计局）

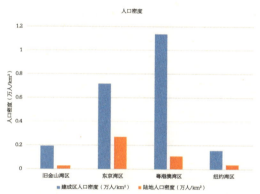

图6-11　各湾区人口密度排名图
（数据来源：《湾区规划2040》《珠三角全域规划》《中国城市统计年鉴》《广东省统计年鉴》《香港特别行政区统计年鉴》《澳门特别行政区统计年鉴》、美国国家统计局、日本统计局）

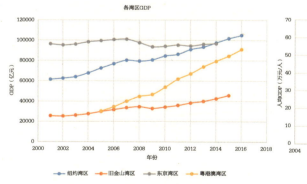

图6-12　各湾区GDP折线图
（数据来源：《湾区规划2040》《珠三角全域规划》《中国城市统计年鉴》《广东省统计年鉴》《香港特别行政区统计年鉴》《澳门特别行政区统计年鉴》、美国国家统计局、日本统计局）

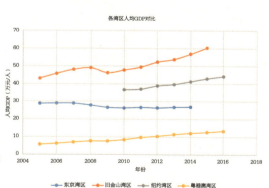

图6-13　各湾区人均GDP对比折线图
（数据来源：《湾区规划2040》《珠三角全域规划》《中国城市统计年鉴》《广东省统计年鉴》《香港特别行政区统计年鉴》《澳门特别行政区统计年鉴》、美国国家统计局、日本统计局）

旧金山湾区公路：构建成联系旧金山、奥克兰、圣何塞三大人口聚集区的环湾公路系统。

东京湾区公路：湾区内形成了由高速公路、一般国道、都道府县道的干道网系统。

粤港澳湾区公路：近期建设的港珠澳大桥、深中通道等跨江通道，逐步形成湾区内部港澳间6条高速公路，逐步实现广州至大珠三角所有地级市、至泛珠三角所有省会城市高速公路的直达。

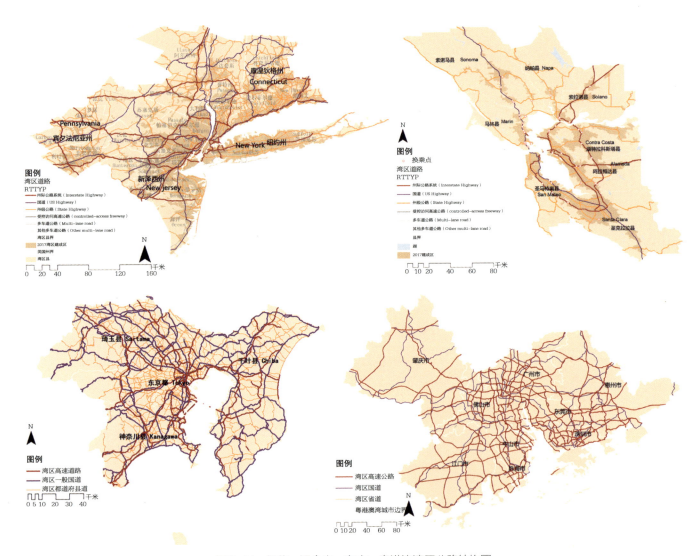

图6-14 纽约、旧金山、东京、粤港澳湾区公路结构图
（数据来源：《湾区规划2040》
《珠三角全域规划》《中国城市统计年鉴》《广东省统计年鉴》
《香港特别行政区统计年鉴》《澳门特别行政区统计年鉴》、
美国国家统计局、日本统计局）

美国的纽约湾区、旧金山湾区在湾区层面的公路设施远优于国家层面的道路设施建设，粤港澳湾区则相反。

公路：将国际上四大湾区公路系统进行概念辨析后，可以统一为国家层面的国家级公路网和湾区层面的区域级公路。

粤港澳湾区在公路里程（15453.2km）和密度（18.94km/km²）方面远超其他湾区。从各个湾区级公路建设状况来看，美国的纽约湾区、旧金山湾区在湾区层面的公路设施远优于国家层面的道路设施建设，粤港澳湾区则相反。

在人均公路设施方面，粤港澳湾区在公路总里程上与公路系统发达的美国湾区接近，但人均区域级公路设施比国家级公路设施落后。

湾区	国家级公路		区域级公路		总计
	包含类型	长度（km）	包含类型	长度（km）	包含类型长度（km）
旧金山湾区	州际公路、国道	2018.24	州级公路	2845.17	4863.42
纽约湾区	州际公路、国道	8836.64	州级公路	11862.80	20699.45
东京湾区	高速道路、一般国道	7777.03	都道府县道	5655.60	13432.63
粤港澳湾区	高速公路、国道	16676.06	省道	7587.56	24663.62

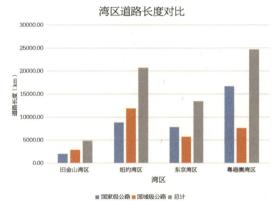

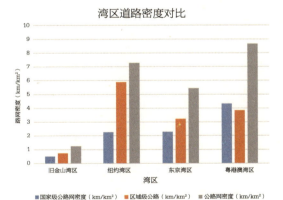

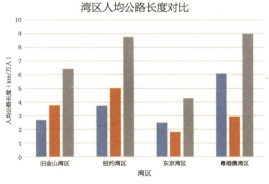

图6-15　各湾区道路数据对比图
（数据来源：《湾区规划2040》《珠三角全域规划》
《中国城市统计年鉴》《广东省统计年鉴》《香港特别行政区统计年鉴》
《澳门特别行政区统计年鉴》、美国国家统计局、日本国土交通省
图片来源：广东省城乡规划设计研究院大数据中心）

纽约湾区轨道：纽约湾区轨道交通十分复杂及多样，在纽约都市区内形成了IRT、BMT和IND三个系统构成的地铁网络。在湾区层面形成了大都会北方铁路和长岛铁路构成的通勤铁路和城际铁路。

旧金山湾区轨道：旧金山湾区形成了联系半岛与东岸的捷运系统（BART）和联系半岛各个城市间的半岛通勤列车（Caltrain）。

东京湾区轨道：东京湾区形成了JR新干线和JR干线的国有高铁网和城际网以及私营铁路的普通铁路网。

粤港澳湾区轨道：粤港澳湾区融入国家高铁网系统的同时，湾区内部逐步建成广中珠澳、中南虎、深中、深茂城际铁路，构建以南沙枢纽为中心的湾区腹地1小时轨道交通可达圈。

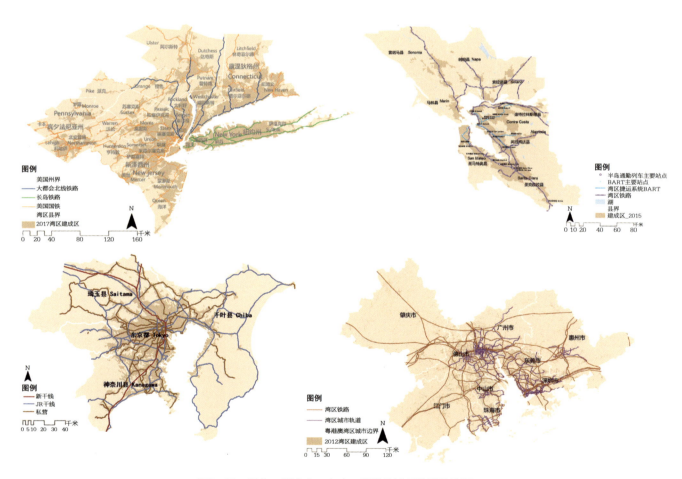

图6-16 纽约、旧金山、东京、粤港澳湾区轨道结构图
（数据来源：《湾区规划2040》《珠三角全域规划》
《中国城市统计年鉴》《广东省统计年鉴》《香港特别行政区统计年鉴》
《澳门特别行政区统计年鉴》、美国国家统计局、日本统计局）

粤港澳湾区人均轨道线路长度远远落后于其他各湾区，差距主要体现在城际轨道和普通轨道网络建设上。

轨道：通过对各个湾区现行的轨道分级系统进行概念辨析后大致可以将湾区的轨道系统分为高速、城际和普通三类系统。

其中美国湾区有赖于发达的公路交通系统，高速铁路建设较为空缺，但普通铁路网基础较好，以普通铁路网改线形成的城际轨道交通网总里程也较长。

在轨道网密度方面，粤港澳的高铁网密度、东京湾的城际网密度领先其他各湾区。

总体上，粤港澳湾区人均轨道线路长度远远落后于其他各湾区。

纽约湾机场、港口：港区面积约为3100平方公里，拥有超过1600千米的海岸线。形成曼哈顿、布鲁克林、皇后区、布朗克斯等11个独立、兴旺的港区。拥有肯尼迪、纽华克自由两个国际机场和拉瓜迪亚机场。

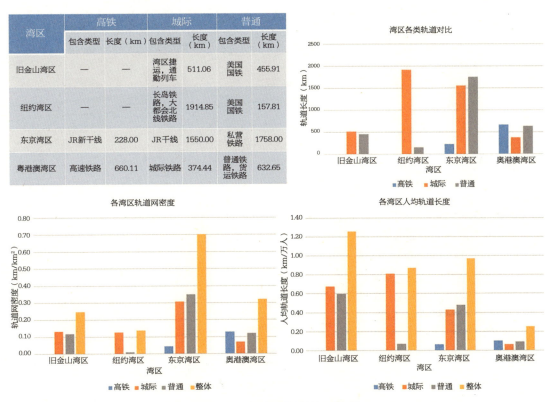

图6-17 各湾区轨道数据对比图
（数据来源：《湾区规划2040》《珠三角全域规划》
《中国城市统计年鉴》《广东省统计年鉴》《香港特别行政区统计年鉴》
《澳门特别行政区统计年鉴》、美国国家统计局、日本国土交通省
图片来源：广东省城乡规划设计研究院大数据中心）

旧金山机场、港口：旧金山港、奥克兰港分别位于东西两岸，其中旧金山港被誉为"世界三大天然良港"之一。湾区内有旧金山、奥克兰和圣何塞三大国际机场及索诺马县地区机场。

东京湾机场、港口：在东京湾的沿岸，横滨港、东京港、千叶港、川崎港、木更津港、横须贺港六个港口首尾相连，形成马蹄形港口群，年吞吐量超过5亿吨，湾区拥有东京成田、羽田两大国际机场。

粤港澳机场、港口：湾区内形成了广州港、深圳港、香港港、珠海港等23个重要枢纽港组成的港口群，货物吞吐量居各湾区首位。拥有香港国际机场、广州白云国际机场、深圳宝安国际机场等，客货运量居各湾区首位。

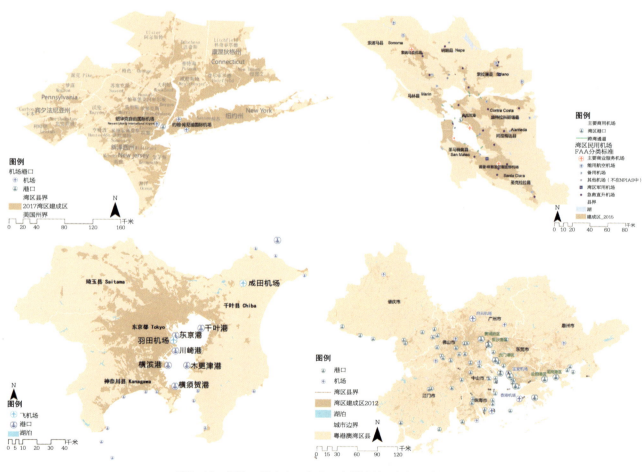

图6-18　纽约、旧金山、东京、粤港澳湾区机场、港口图
（数据来源：《湾区规划2040》《珠三角全域规划》
《中国城市统计年鉴》《广东省统计年鉴》《香港特别行政区统计年鉴》
《澳门特别行政区统计年鉴》、美国国家统计局、日本统计局）

粤港澳湾区港口与机场运输量高于其他湾区，但在满足客运出行需求方面存在一定差距。

港口与机场：粤港澳大湾区的港口吞吐量及集装箱吞吐量都远远领先其他国际湾区。

粤港澳大湾区机场的客货运量也高于其他国际湾区，但人均使用机场次数最低，反映出粤港澳湾区领先的机场客运总量和增长量仍不能满足湾区内庞大的人口基数带来的航空出行需求。

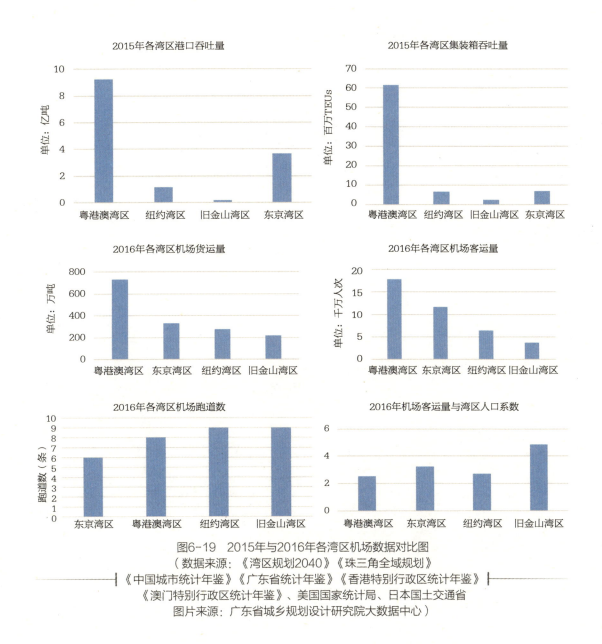

图6-19 2015年与2016年各湾区机场数据对比图
（数据来源：《湾区规划2040》《珠三角全域规划》
《中国城市统计年鉴》《广东省统计年鉴》《香港特别行政区统计年鉴》
《澳门特别行政区统计年鉴》、美国国家统计局、日本国土交通省
图片来源：广东省城乡规划设计研究院大数据中心）

6.2 轨道上的"大湾区"

湾区主要城市 2 小时等时圈区

纽约湾区：湾区内成熟大都会北方铁路和长岛铁路城际系统，形成了覆盖纽约市全域的半小时交通圈，覆盖纽约都会区的一小时交通圈及覆盖湾区北部及长岛等大部分地区 2 小时交通圈。

从纽约出发	面积（km²）	距离（km）	主要范围
20分钟	103.9	6.8	纽约
40分钟	539.6	15.9	纽约、布朗克斯
60分钟	1473.9	23.5	艾斯克斯、比尔更
90分钟	4163.8	65.9	马尼通、凯托纳、斯坦福德

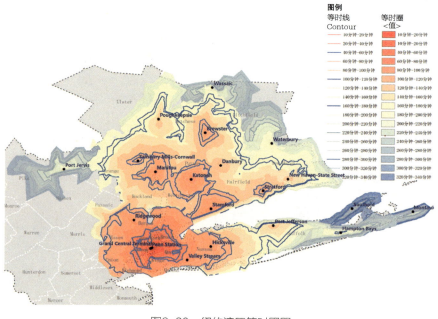

图6-20 纽约湾区等时圈图
（数据来源：根据路网结合谷歌地图模拟）

旧金山湾区：湾区捷运系统（BART）形成了包含湾区东西岸旧金山、奥克兰两大主要城市的半小时交通圈，覆盖半岛和西岸城市群的 1 小时等时圈。半岛通勤列车（Caltrain）加强了湾区旧中心（旧金山）和科技新高地（圣何塞）之间的交通联系，将其间的交通耗时缩短在 1.5 小时以内。

从奥克兰出发	面积（km²）	距离（km）	主要范围
20分钟	158.7	7.0	旧金山
40分钟	592.4	18.7	奥克兰、戴利城
60分钟	1224.8	26.3	米尔布雷、伯克利、海沃德
90分钟	2915.5	65.9	里奇蒙、斯坦福、圣荷西

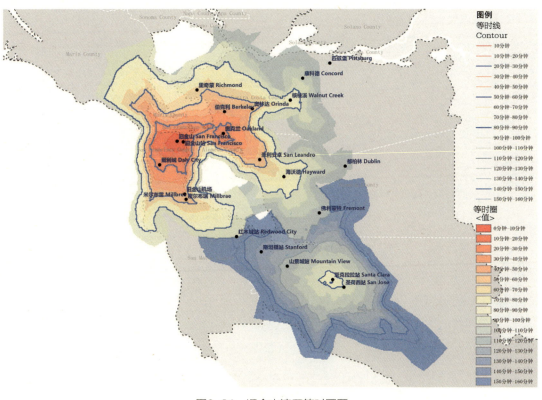

图6-21 旧金山湾区等时圈图
（数据来源：根据路网结合谷歌地图模拟）

东京湾区：依托湾区内 JR 新干线和 JR 干线的国有高铁网和城际网，能够实现湾区内以覆盖东京特别区部的半小时交通圈，和辐射川崎、横滨、千叶等主要城市的 1 小时交通圈，跨江隧道的建设也改善了湾区东岸的交通联系。

从东京出发	面积（km²）	距离（km）	主要范围
20分钟	89.6	5.2	新宿、池袋、秋叶原
40分钟	1916.6	32.8	赤羽、川崎、横滨
60分钟	4663.4	43.0	新横滨、千叶
90分钟	8105.2	53.0	大船、苏我、佐舱

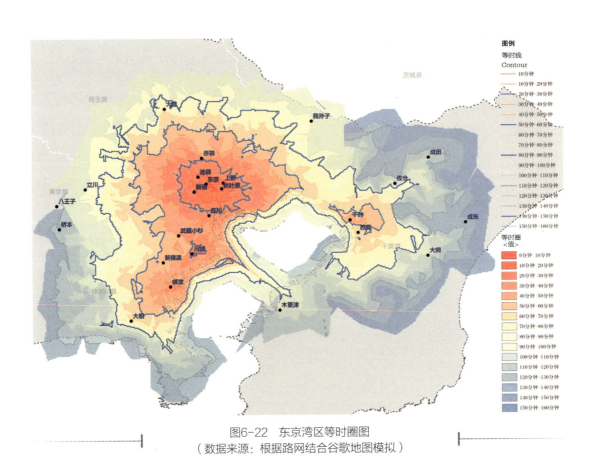

图6-22　东京湾区等时圈图
（数据来源：根据路网结合谷歌地图模拟）

粤港澳湾区：湾区即将建成的环湾快速轨道，将实现湾区南沙站、广州南站、机场北站、容桂站、滨海湾站、中山北站、珠海北站等核心站点半小时内互达。1小时交通圈覆盖环湾核心区域，2小时交通圈基本覆盖湾区环湾地市全域。

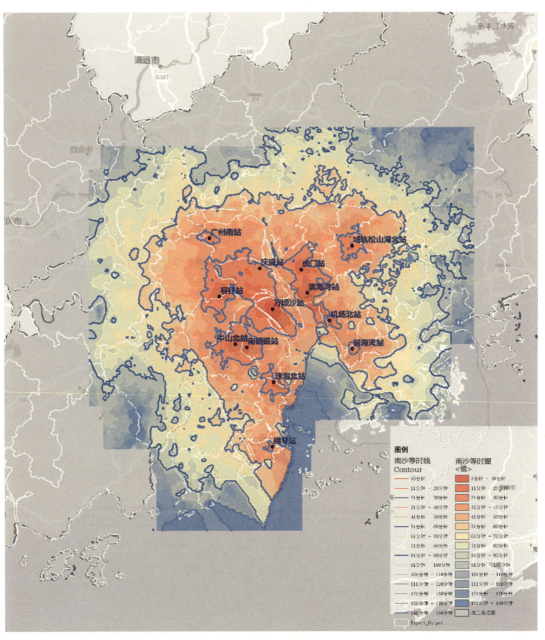

图6-23　粤港澳湾区等时圈图
（数据来源：高德地图）

6.3 演进中的"大湾区"

港口：粤港澳大湾区增长中的巨人。

货运吞吐量最大，且持续攀升。2016年达到8亿吨、6000万标准箱。

粤港澳大湾区的港口货物吞吐量远远领先其他国际湾区，近年增长幅度开始放缓，但仍高于其他湾区。

依据2008—2016年间数据，从湾区货物吞吐量来看，粤港澳湾区货物吞吐量多于其他各湾区总和，规模排序依次为粤港澳湾区、东京湾区、纽约湾区和旧金山湾区。

从湾区货物吞吐量变化来看，在纽约湾区和东京湾区港口货物吞吐量萎缩、旧金山湾区港口货物吞吐量止步不前的情况下，粤港澳港口货物吞吐量保持持续增长。

从湾区各港口货物吞吐量详细数据来看，货物吞吐量呈现明显的地域性差异：中国湾区港口＞日本湾区港口＞美国湾区港口，这与各湾区产业结构构成有一定的联系。

广州港货物吞吐量总量及增速远超湾区其他各港，湾区港口货物吞吐量规模位序为：广州港＞香港港＞深圳港＞千叶港＞纽约和新泽西港＞横滨港＞东京港＞奥克兰港＞旧金山港。

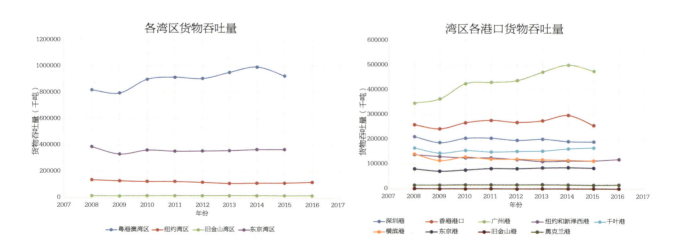

图6-24 各湾区港口数据折线图
（数据来源：中国港口协会、美国港口协会、《世界港口排名》
图片来源：广东省城乡规划设计研究院大数据中心）

机场：粤港澳大湾区增长中的巨人

粤港澳湾区机场客货运量近十年呈爆发式增长，高于其他国际湾区。

对比2005—2016年各湾区机场货运量可以看出，粤港澳湾区机场货运量总体上领先于其他各个湾区，呈持续快速发展态势。2016年各湾区机场货运吞吐量规模位序为：粤港澳湾区 > 东京湾区 > 纽约湾区 > 旧金山湾区。

香港国际机场的货运吞吐量领先于湾区各机场，2010年起，货运量连续七年位居世界第一位。广州白云机场和深圳宝安机场的货运吞吐量持续增长，特别是广州白云机场在2014年超越了货运量正逐步萎缩的肯尼迪国际机场。2016年湾区各机场货运吞吐量位序为：香港国际机场 > 东京成田国际机场 > 广州白云国际机场 > 肯尼迪国际机场 > 奥克兰国际机场 > 纽华克自由国际机场 > 东京羽田国际机场 > 深圳宝安国际机场 > 旧金山国际机场 > 诺曼峰田圣何塞国际机场 > 澳门国际机场。

对比2005—2016年各湾区机场客运量可以看出，粤港澳湾区机场客运服务能力持续快速发展，2007年超越东京湾区，十年间实现客运量翻番；其余各湾区呈现稳步增长趋势。2016年各湾区机场客运吞吐量规模位序为：粤港澳湾区 > 东京湾区 > 纽约湾区 > 旧金山湾区。

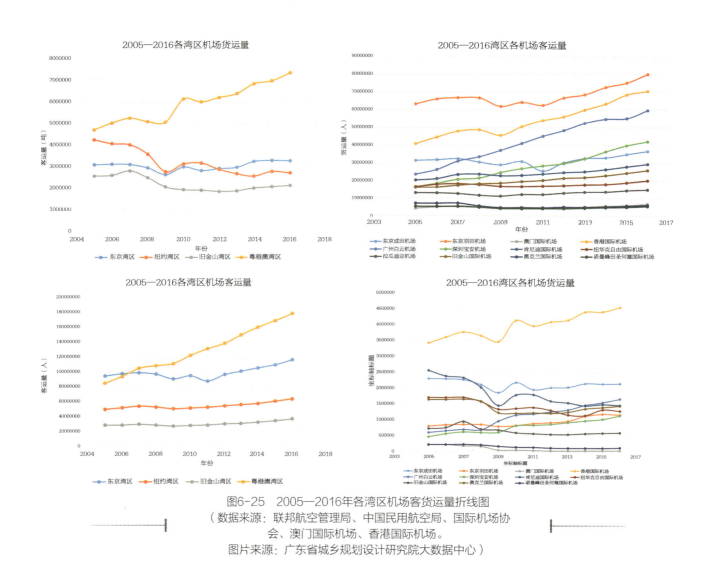

图6-25 2005—2016年各湾区机场客货运量折线图
（数据来源：联邦航空管理局、中国民用航空局、国际机场协会、澳门国际机场、香港国际机场。
图片来源：广东省城乡规划设计研究院大数据中心）

6.4 流动中的"大湾区"

基于谷歌趋势的信息联系：谷歌趋势提供了某个关键词用谷歌搜索的规模及关注某个关键词的用户空间分布状况。湾区两两城市间的搜索关系，反映出两城市间的信息流状况以及影响湾区人流、物流的流向。总关注度为按照被其他城市关注重要程度评分获得，联系位序为被其他城市关注的重要程度排序。

纽约湾区：形成以纽约为中心，费尔菲尔德、纽黑文、威彻斯特、萨默塞特、里士满、联合市等城市为次级中心的辐射状信息联系网络。纽约作为信息网络中心，与周围各城市联系紧密，各次级中心与其他城市也有较强的联系。

纽约湾区各城市谷歌趋势关注排名 表6-2

纽约湾区	总关注值	首位关注	二位关注	三位关注
New York	89	Albany	Westchester	Onondaga
Ocean	44	Worcester	Los Angeles	Monmouth
Fairfield	43	Fairfield	Union	Shelby
Queens	43	New York	Graves	Westchester
New Haven	41	New Haven	Sussex	Fairfield
Somerset	34	Franklin	somerset	Middlesex
Bronx	31	Skagit	Westchester	New York
Westchester	28	Atlantic	Westchester	Boone
Union	20	Union	Marengo	Essex
Warren	14	Macomb	Humboldt	Somerset

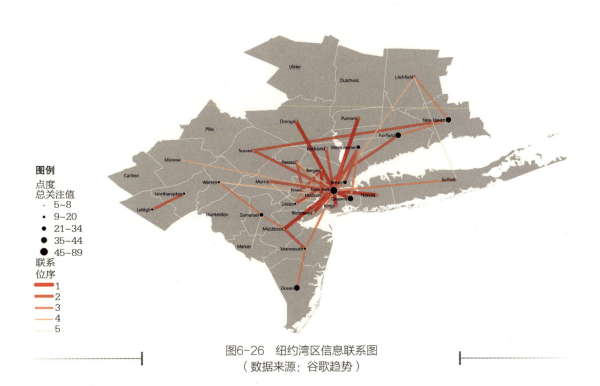

图6-26 纽约湾区信息联系图
（数据来源：谷歌趋势）

旧金山湾区：顺应湾区地形与交通网络，形成了半岛、东岸、半岛—东岸三条较为明显的链状信息联系网络。三条链状网络内部各城市联系紧密，相互之间部分城市也有较强联系，此外南岸的信息联系紧密程度强于北岸。

旧金山湾区各城市谷歌趋势关注排名　　　　　　　　　　　　　　表6-3

旧金山湾区	总关注值	首位关注	二位关注	三位关注
San Francisco	109	South San Francisco	Daly City	San Francisco
Ross	92	San Rafael	Daly City	Richmond
Santa Clara	40	Santa Clara	Saratoga	Cupertino
San Rafael	36	San Rafael	San Anselmo	Fairfax
San Jose	35	Campbell	Los Gatos	Morgan Hill
Walnut Greek	35	Walnut Greek	Lafayette	Orinda
Concord	30	Concord	Clayton	Martinez
Santa Rosa	28	Santa Rosa	Windsor	Sebastopol
Larkspur	25	Corte Madera	Ross	San Anselmo
San Mateo	25	San Mateo	Foster City	Hillsborough

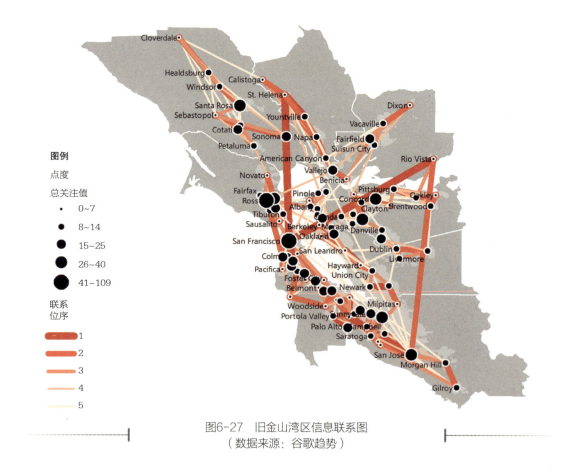

图6-27　旧金山湾区信息联系图
（数据来源：谷歌趋势）

东京湾区：形成以东京为中心，多组团联系的复杂网络结构。东京为绝对中心，与各组团、各城市都有较强的联系。此外，还形成了东北部、东部、中部等内部联系紧密、相互之间联系加强的组团。

东京湾区各城市谷歌趋势关注排名　　　　　　　　　　　　　　表6-4

东京湾区	总关注值	首位关注	二位关注	三位关注
千叶市	104	旭市	千叶市	四街道市
ちぃたま市	60	埼玉市	上尾市	莲田市
横滨市	48	横滨市	太和市	镰仓市
立川市	39	立川市	武藏村山市	国立市
八王子市	37	八王子市	日野市	秋留野市
川越市	37	川越市	Tsurugashima	Fujimino
东京都区部	37	东京	八王子市	川崎市
相模原市	34	相模原市	座间市	町田市
横须贺市	32	横须贺市	三浦市	逗子市
船桥市	27	船桥市	镰谷市	习志野市

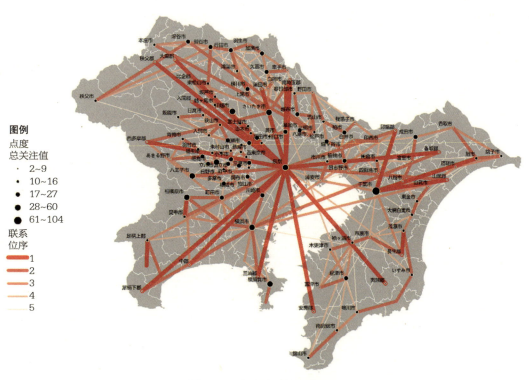

图6-28　东京湾区信息联系图
（数据来源：谷歌趋势）

粤港澳湾区： 形成以广州、香港为中心，澳门、深圳、东莞、珠海等城市为次中心的多层次、多极的信息联系网络。相比其他湾区，粤港澳湾区的信息联系网络明显形成了强联系、较强联系、较弱联系三个层次；且同一层次有多个核心的结构。

粤港澳湾区各城市谷歌趋势关注排名　　　　　表6-5

旧金山湾区	总关注值	首位关注	二位关注	三位关注
香港	37	珠海	惠州	东莞
广州	26	广州	佛山	肇庆
澳门	17	珠海	江门、中山	佛山
深圳	15	深圳	东莞	惠州
珠海	11	珠海	中山	佛山
东莞	9	东莞	惠州	广州、深圳
中山	9	中山	佛山	广州
佛山	8	佛山	肇庆、中山	广州、江门
惠州	6	惠州	东莞、深圳	佛山、广州
江门	5	江门	中山	佛山
肇庆	5	肇庆	佛山、江门	广州

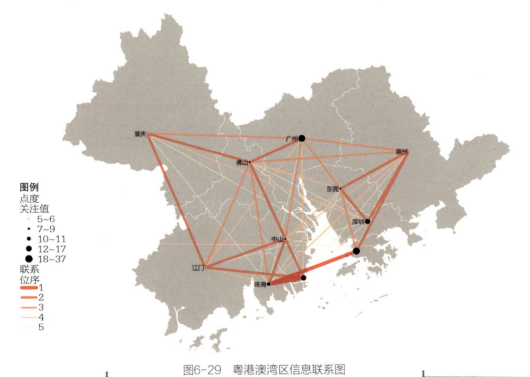

图6-29　粤港澳湾区信息联系图
（数据来源：谷歌趋势）

与国内其他二大都市区对比

差距

概况对比：珠三角的优势体现在企业创新能力强、城镇化水平高、城镇体系相对完善等方面；但在高校等基础创新能力、企业总部等国际影响方面与长三角、京津冀有较大差距。

三大城市群主要指标对比　　　　　　表6-6

	指标	珠三角	长三角	京津冀
规模能级	人口规模（万人）	5763	14081	8936
	经济规模（GDP，万亿）	5.77	12.88	6.65
服务功能	第三产业增加值占GDP比重（%）	53.1	51.2	54.3
	近5年服务业增加值年均增长率（%）	11.6	10.3	9.3
创新能力	985/211高校数量（所）	2/4	10/27	8/22
	工业企业R&D活动人员数（万人）	52.10	67.14	27.78
	专利申请量（万件）	17.14	37.54	9.10
	高新技术制造业增加值占规模以上工业比重（%）	29.6	28.3	26.7
国际影响力	国际组织总部（含使领馆）和地区代表处数量	73	74	195
	"世界媒体500强"媒体数量（家）	3（含港澳18）	12	11
	2013年全球银行500强总部（个）	3（含港澳7）	2	5
	2014年世界500强企业总部（个）	6（含港澳10）	10	52
	举办国际会议次数（次）	18（含港澳141）	793	109
	举办国际性体育赛事次数（次）	13	16	9
	重要性功能组织	广交会、深交所	上海合作组织、上交所	—
城镇化特征	城镇化率（%）	84.03	71.84	58.93
	城市群结构特征（人口首位度）	双核扁平化（1.22）	单核扁平化（2.27）	双核极化（1.44）
	500万人以上规模城市	广州、深圳、佛山、东莞	上海、苏州、杭州、南京、温州、宁波	北京、天津、石家庄
	50万人口以上规模城市密度（个/平方公里）	1.36	2.34	0.6
	建成区密度（平方公里/千平方公里）	25.4	32.1	16.9
	城镇人口密度（人/平方公里）	390	485	273

热点

来源于中国知网 2016—2018 文献中的关键词,说明学界和社会热点关注的方向。

长三角城市群:在打造长江经济带、关注经济和发展的溢出效益,以实现区域经济一体化和协同创新。

京津冀城市群:积极推动雄安新区的建设,推动首都圈城市群经济一体化和协同发展,在城镇群发展过程中更加关注生态环境的治理。

粤港澳(珠三角)城市群:注重创新驱动和经济合作下的珠三角及泛珠三角的合作,加强湾区各城市间及港澳开放与合作。

长三角城市群：学界主要关注区域港口的整合与协调，港口行业（15）、区域港口（15）等相关议题，频次最高。此外，上海（8）、江苏（17）、浙江（4）、安徽（12）等三省一市的相关议题词频数次之。

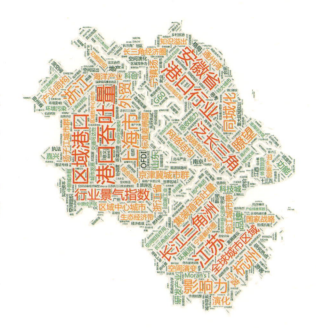

长三角城市群学术词频　　　　　　　　　表6-7

位序	词	频次	位序	词	频次
1	港口吞吐量	18	21	长三角经济圈	5
2	江苏	17	22	网络结构	5
3	长江三角洲	16	23	扬子江城市群	5
4	港口行业	15	24	瞭望	4
5	区域港口	15	25	浙江省	4
6	全球城市区域	15	26	标准差椭圆	4
7	行业景气指数	12	27	宁镇扬	4
8	安徽省	12	28	通州湾	4
9	泛长三角	11	29	国家战略	4
10	浙江	9	30	海洋产业	4
11	上海市	8	31	空间演变	4
12	影响力	7	32	产业同构	4
13	同城化	7	33	创新产出	4
14	集装箱吞吐量	6	34	综合指数	4
15	战略性新兴产业	6	35	区域性中心城市	4
16	京津冀城市群	6	36	宁波	4
17	外贸	5	37	宁波都市圈	4
18	皖江城市带	5	38	生态经济带	4
19	区域中心城市	5	39	演化	4
20	杭州	5	40	知识溢出	4

京津冀城市群：学界主要关注京津冀城市群（112）中北京市（87）、天津市（27）和河北省（46）等城市的协同（29）发展和交通（21）、金融（9）等领域的一体化发展，频次最高。此外，高等教育（25）、人才培养（17）、职业教育（17）、生态补偿（16）、环境治理（14）等人才培养及生态文明建设等议题词频次之。

京津冀城市群学术词频　　　　　　　　　　　　表6-8

位序	词	频次	位序	词	频次
1	京津冀城市群	112	21	可持续发展	12
2	北京	52	22	模式	12
3	河北省	46	23	习近平总书记	12
4	国家表征	37	24	中关村	12
5	首都	37	25	规划纲要	11
6	北京市	35	26	区域发展总体战略	11
7	京津冀协同	29	27	协同度	11
8	天津	27	28	滨海新区	10
9	高等教育	25	29	城际铁路	10
10	城市副中心	22	30	生态文明建设	10
11	交通一体化	21	31	研究	10
12	人才培养	17	32	北京新机场	9
13	职业教育	17	33	金融一体化	9
14	生态补偿	16	34	资源配置	9
15	区域发展战略	15	35	高职院校	8
16	环境治理	14	36	旅游一体化	8
17	对策建议	13	37	新区规划	8
18	机制	13	38	战略性新兴产业	8
19	发展对策	12	39	保定	7
20	京津冀都市圈	12	40	产生承接	7

粤港澳（珠三角）城市群：学界关注泛珠三角区域（50）合作（8）以及港口吞吐量（21）、区域港口（16）、港口行业（18）等港口领域的发展，打造世界级港口群，词频最高。其次，对粤港澳湾区（33）建设、加强与香港（7）、澳门（5）合作等议题关注较多，词频次之。

珠三角城市群学术词频　　　　表6-9

位序	词	频次	位序	词	频次
1	广东省	52	21	区域经济合作	5
2	泛珠三角区域	50	22	高新技术开发区	5
3	粤港澳大湾区	33	23	大气环境	5
4	珠三角城市群	28	24	澳门	5
5	港口吞吐量	21	25	综合指数	4
6	港口行业	18	26	粤东	4
7	区域港口	16	27	人才培养	4
8	行业景气指数	14	28	公平性	4
9	广州	10	29	高职院校	4
10	湾区	9	30	北部湾区域	4
11	集装箱吞吐量	9	31	总指数	3
12	泛珠合作	8	32	珠海	3
13	香港	7	33	粤港澳合作	3
14	指导意见	6	34	粤东西北	3
15	西江经济带	6	35	印刷工业	3
16	外贸	6	36	校企合作	3
17	省区	6	37	西江	3
18	高铁经济带	6	38	温州模式	3
19	佛山	6	39	苏南模式	3
20	西北地区	5	40	双向转移战略	3

粤港澳大湾区近三年热点高频词汇

6.5 珠三角与粤东西北

● **GDP 总量**

现状分布特征

概况对比：2016 年，平均 GDP 突破 4000 亿元大关，达到 4074 亿元。广州和深圳 GDP 依旧领跑全省，总额分别达到了 19547 亿元与 19492 亿元，两者 GDP 总和占全省 GDP 的 45%。截止到 2016 年，云浮、河源、汕尾、潮州四个城市的 GDP 总量尚未突破千亿大关，四者相加仅仅占全省 GDP 的 4%。

珠三角 2016 年 GDP 总量达到了 67841 亿元，占全省 GDP 的 79%，粤东西北 12 市占 GDP 总量的 21%，经济发展阶段有较大差异。

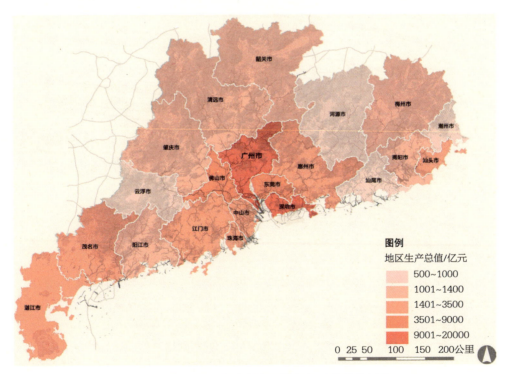

图6-30　2016年广东省21地市GDP总量分布图
（数据来源：2017年广东统计年鉴）

地理分布：从 GDP 分布图可知，全省经济重心集中在粤港澳大湾区，东翼的揭阳与汕头、西翼的茂名与湛江组成了广东省左右两个经济副中心，粤东西与珠三角相连组成海岸经济发展轴。

● GDP 趋势

十年发展趋势特征

发展趋势：2005—2016 年，从 GDP 对数斜率变化率可以看出：广东各市发展的相对态势基本保持一致。但是由于广州和深圳的起点高、增量高，所以在相似增速的情况下，广深的 GDP 总量远远领先于其他城市。

发展梯队：从 Ln（GDP）十年趋势图中，可以看出广东省 21 个地级市分为四个发展梯队：第一梯队为广州深圳，第二梯队为东莞佛山，第三梯队为中山、珠海、揭阳、湛江等城市领衔的地区重要城市，余下可归为第四梯队。

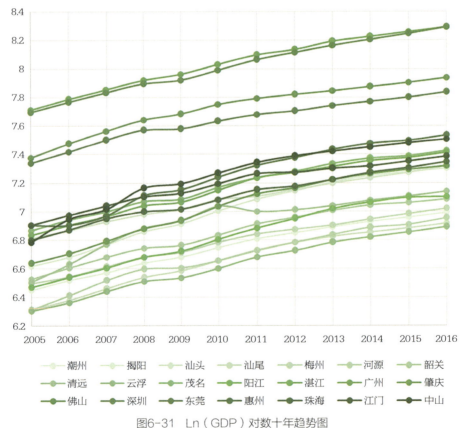

图6-31 Ln（GDP）对数十年趋势图
（数据来源：根据2017年广东统计年鉴整理的2016全省GDP对数十年趋势图）

● 常住人口

现状分布特征

概况对比：2016 年，广东省 21 个地级市常住人口总量为 10999 万人，21 个地级市平均常住人口数为 524 万人。在 2016 年，珠三角的常住人口总数达到 5998 万人，东西翼与粤北山区常住人口总计 5000 万人。广州和深圳常住人口分别以 1404 万人与 1191 万人位列第一和第二。

地理分布：人口分布较 GDP 而言集中度较低，总体分布趋势还是以广州、深圳为主，粤西的茂名和湛江、粤东的揭阳汕头人口都较为稠密，构成了三大人口集聚城市区。

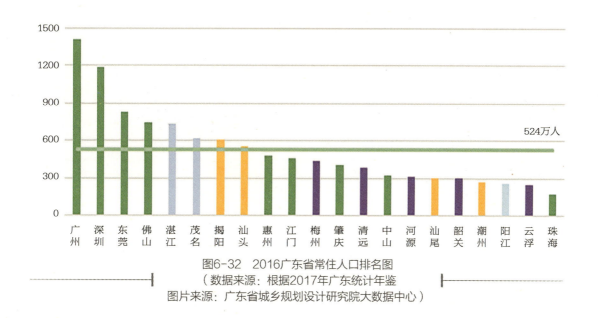

图6-32　2016广东省常住人口排名图
（数据来源：根据2017年广东统计年鉴
图片来源：广东省城乡规划设计研究院大数据中心）

十年发展趋势特征

发展趋势：广州、深圳、东莞、佛山、湛江成是省内常住人口增长量最大的五个城市。珠三角 9 市 2016 年常住人口增加 124.21 万，占全省总增量的 82%，成为广东人口增长的第一增长极。分别以揭阳与湛江为中心的城市群成了粤东、粤西两大增长极（由于第 6 次人口普查调整，2011 年人口增长量异常）。

发展梯队：广州和深圳市年均增长率突破 30 万人，是拉动广东省常住人口增长的第一梯队；佛山、东莞、惠州十年增长率高于 9 万人，是人口增长的第二梯队；中山、湛江、汕头和揭阳的年均增长高于 4 万人，可作为人口增长的第三梯队。

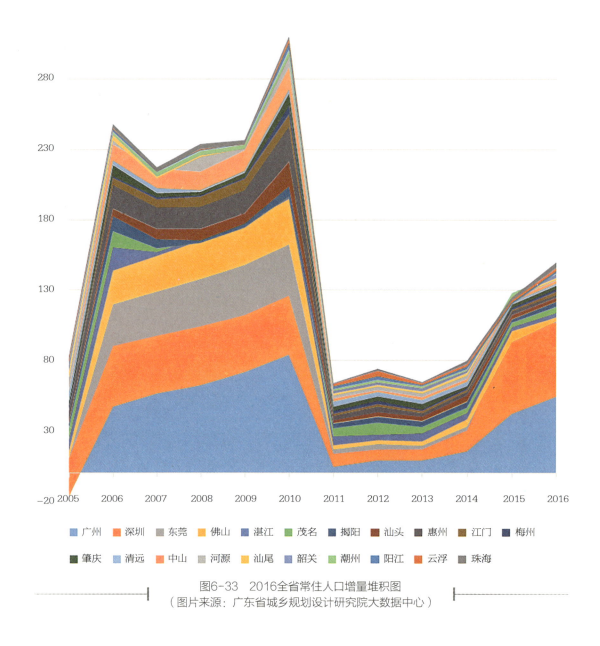

图6-33 2016全省常住人口增量堆积图
（图片来源：广东省城乡规划设计研究院大数据中心）

● R&D

现状分布特征

概况对比：2016年，深圳的R&D投入达588亿元，独占鳌头；而广州和佛山以51亿元和44亿元形成第二梯队；东莞、中山、惠州紧随其后。珠三角R&D总投入额达到93%，粤东西北12市R&D投入占全省总量的7%。

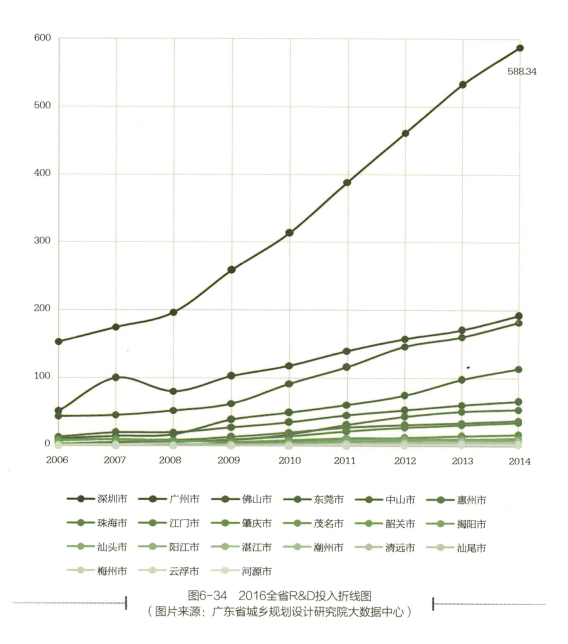

图6-34 2016全省R&D投入折线图
（图片来源：广东省城乡规划设计研究院大数据中心）

● 大学

现状分布特征

概况对比：广州的大学数量领先于全省，以84所普通全日制大学独占鳌头。深圳、东莞、珠海、湛江、佛山、肇庆、惠州紧随其后，数量都在5所左右，构成广东大学体系第二梯队。

地理分布：大学教育资源集中在珠三角，粤东西北的大学数量较少。

图6-35 2016全省大学数量排名图
（图片来源：广东省城乡规划设计研究院大数据中心）

● 专利

现状分布特征

概况对比：在专利数方面，2016年深圳以60.7万件专利领先全省，广深总量突破91.9万，占全省专利总数的48%。珠三角专利总量突破170万件，占全省的89%。

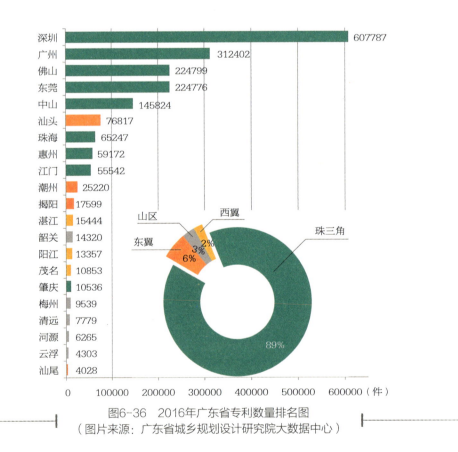

图6-36 2016年广东省专利数量排名图
（图片来源：广东省城乡规划设计研究院大数据中心）

发展趋势：深圳、广州和珠海的"发明专利"所占比重较大，而其他城市的"外观设计"与"实用新型"所占比重较大，可以看出科技发展水平的差距及发明专利的发展趋势。

十年发展趋势特征

发展趋势：在专利发展方面，深圳和广州的发展趋势明显领先于其他城市。2016年，深圳专利总量达到55.7万件；广州以26.9万件排名第二；佛山、东莞、中山等珠三角城市排名正在迎头赶上；其他城市的增长率和增长量都明显小于领头城市。

发展梯队：深圳以55.7万件的专利数，位列第一发展梯队；专利数大于10万的广州、佛山、东莞、中山紧跟其后，构成第二梯队；专利数大于1万的珠海等城市构成第三梯队。

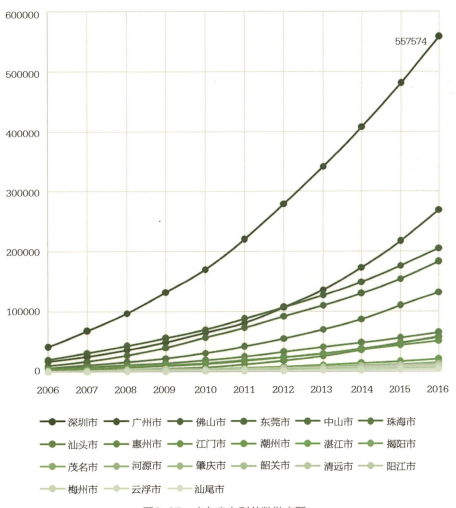

图6-37 广东省专利总数散点图
（图片来源：广东省城乡规划设计研究院大数据中心）

图书在版编目（CIP）数据

广东省城市评估数据蓝皮书 2017 / 王浩，马星主编. —北京：中国建筑工业出版社，2018.8
ISBN 978-7-112-22463-0

Ⅰ.①广… Ⅱ.①王…②马… Ⅲ.①城市—发展—评估—研究报告—广东—2017 Ⅳ.①F299.276.5

中国版本图书馆CIP数据核字（2018）第150816号

责任编辑：毋婷娴
责任校对：王　瑞

广东省城市评估数据蓝皮书2017

广东省城乡规划设计研究院
广东省城市规划协会　组织编写

王浩　马星　主编

*

中国建筑工业出版社出版、发行（北京海淀三里河路9号）
各地新华书店、建筑书店经销
北京雅盈中佳图文设计公司制版
北京富诚彩色印刷有限公司印刷

*

开本：880×1230毫米　1/16　印张：14　字数：249千字
2018年8月第一版　2018年8月第一次印刷
定价：**129.00**元
ISBN 978-7-112-22463-0
（32325）

版权所有　翻印必究
如有印装质量问题，可寄本社退换
（邮政编码100037）